Ma
Col

bel ins

Mabel Collins

DADOS INTERNACIONAIS DE
CATALOGAÇÃO NA PUBLICAÇÃO (CIP)
Jéssica de Oliveira Molinari - CRB-8/9852

Collins, Mabel
Luz no caminho / Mabel Collins ; tradução de Fernando
Pessoa. — Rio de Janeiro : SOMOS Livros, 2021.
144 p : il, color

ISBN: 978-65-5598-116-2
Título original: Light on the path

1. Teosofia 2. Espiritualidade
I. Título II. Pessoa, Fernando

21-3105   CDD 299

Índices para catálogo sistemático:
1. Teosofia

....

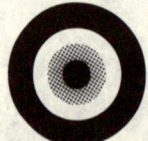

LUZ NO CAMINHO
Light on the Path, texto original
de Mabel Collins, publicado em 1885.
Tradução para a língua portuguesa
por Fernando Pessoa em 1921.
Com pinturas de Sir Edward Coley Burne-Jones,
Edvard Munch, Ernst Ludwig Kirchner e Camille Pissaro.

Os ensinamentos desta obra são muito
reais e se referem a pensamentos que trarão
sentido e uma transformação profunda a
nossas vidas, causando o despertar de
nossos dons e de nossa consciência.

SOMOS UMA LUZ EFÊMERA

SOMOS Conselheiros
Christiano Menezes,
Chico de Assis, Raquel
Moritz, Marcel Souto
Maior, Daniella Zupo

SOMOS Criativos
Design: Retina78, Aline
Martins, Arthur Moraes,
Sergio Chaves • Texto:
Maximo Ribera, Tali Grass

SOMOS Propagadores
Mike Ribera, Giselle Leitão
SOMOS Família
Admiração e Gratidão
SOMOS impressos por Geográfica

SOMOS
LIVROS

Todos os direitos desta edição reservados à
Somos Livros® Entretenimento Ltda.
Coffee HouseXP® Entertainment and Media group

FERNANDO PESSOA
TRADUÇÃO

MABEL COLLINS

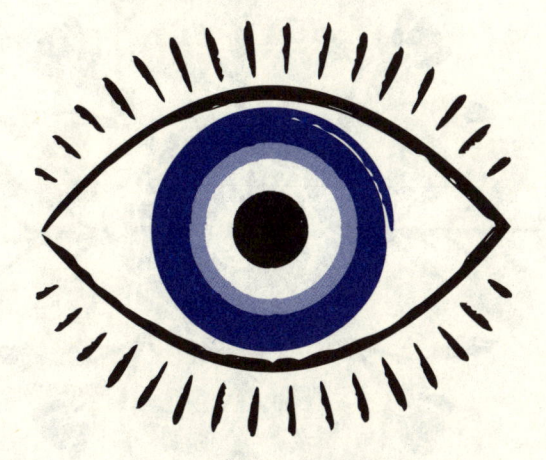

LUZ NO CAMINHO

Mabel Collins

SOMOS

Mabel Collins
Sumário

Mapa de Pura Luz

por MARCEL SOUTO MAIOR

LUZ NO CAMINHO

Mabel Collins

Apresentação

Este é um livro precioso, para ser lido aos poucos, sem pressa, enigma a enigma. Publicado pela escritora inglesa Mabel Collins em 1885, *Luz no Caminho* logo se tornou um clássico da literatura teosófica, dedicada aos estudos filosóficos e aos mistérios do ocultismo desvelados e difundidos no Ocidente pela Sociedade Teosófica, liderada por Helena Blavatsky no século XIX.

Conhecida por seus romances ocultistas em Londres, Mabel tinha 34 anos quando lançou sua obra-prima miúda e potente. Uma luz no caminho do autoconhecimento ou do despertar da consciência. Luz às vezes fugidia e silhuetada, pontuada por lampejos sobre os significados mais profundos da nossa passagem pela terra, e por revelações sobre quem somos em essência, muito além do aqui e agora.

Para entrar em contato com a própria intuição, o leitor — ou discípulo, como prefere Mabel — deve seguir quatro passos básicos, compartilhados pela autora no início de sua obra: só depois de aprender a ver (primeiro passo), a ouvir (segundo passo), a falar na presença dos mestres (terceiro passo) e a erguer-se na presença deles (quarto passo), o leitor estará pronto a encarar as outras 21 regras — ou verdades ocultas — de sua jornada íntima. Um mergulho interior, que o tornará apto a ouvir a poderosa Voz do Silêncio, anterior à linguagem.

Estamos no território da teosofia e no universo simbólico do ocultismo, então nada nestas páginas é óbvio — a começar pela origem do texto.

As regras básicas que organizam este livro teriam sido visualizadas por Mabel Collins durante um transe quando abandonou seu corpo e foi conduzida por um "ser muito poderoso", um guia, até um enorme salão, batizado por ela de "Salão da Aprendizagem", onde foi posicionada diante de uma parede. Nessa parede, em meio ao brilho de pedras preciosas, começaram a surgir as palavras e frases memorizadas por Mabel e copiadas em sua transcrição.

Orientações marcadas por desafios de interpretação como no caso da primeira frase da obra: "Antes que os olhos possam ver, devem ser incapazes de lágrimas". Uma afirmação que, em uma versão mais didática e menos iniciática, poderia ser traduzida assim: para termos uma visão clara ou iluminada do Caminho, devemos nos elevar acima da natureza emocional e nos desvencilhar do mundo das sensações, preservados da cegueira das paixões.

É a própria Mabel quem vai nos guiando na leitura das "mensagens astrais" em comentários que pontuam todo o livro. São visões compartilhadas que ajudam a ampliar a energia investida nesta jornada. Você encontrará estas notas e comentários sempre em uma página azul, ao lado do texto, para complementar a sua experiência de autodescoberta. É como ouvir a voz de Collins, vivaz, didática e potente.

Direto da parede encantada, no Salão da Aprendizagem, originam-se frases como esta: "Antes que a alma possa estar de pé na presença dos Mestres, os seus pés devem ser banhados no sangue do coração".

Pelas mãos de Mabel – discípula e, mais tarde, dissidente de Madame Blavatski – vem a explicação: o "sangue do coração", ela traduz, traz o mesmo significado das "lágrimas". A imagem que expressa as experiências de dor e prazer, alegria e tristeza das quais o discípulo deve se afastar para se colocar de pé com segurança e firmeza diante dos Mestres como "espíritos puros", em equilíbrio.

É assim – de revelação a revelação, reflexão a reflexão – que vamos percorrendo as páginas belamente traduzidas pelo poeta Fernando Pessoa, responsável pela primeira versão em português da obra, lançada em 1921.

Para ele, *Luz no Caminho* era um "tratado prático e não metafísico". Um livro tão especial que, dentre todos os que traduziu para a Coleção Teosófica e Esotérica em Lisboa, foi o único título que fez questão de conservar o original em inglês em sua biblioteca.

Livro para guardar e revisitar ao longo da vida, com a cabeça aberta a paradoxos como estes:

1 – Exterminai a ambição.

4 – Trabalhai como trabalham os que são ambiciosos. (...)

9 – Desejai apenas o que está dentro de vós.

10 – Desejai apenas o que está além de vós.

Como assim?

É o que você vai descobrir enquanto se descobre.

Após minha leitura e releitura, transcrevi para meu caderno o seguinte parágrafo: "Vós, que sois agora um discípulo, capaz de vos terdes de pé, capaz de ouvir, capaz de ver, capaz de falar; que vencestes o desejo e chegaste ao conhecimento de vós próprio; que vistes a vossa alma no seu desabrochar e a reconhecestes, e ouvistes a Voz do Silêncio, ide agora à Sala da Aprendizagem e lede o que ali para vós está escrito".

Fechei os olhos, vi a parede e imaginei a frase se formando. A minha frase apareceu ali, imponente e profundamente pessoal.

Qual é a sua?

Que você a visualize, palavra por palavra, ao fim desta jornada de leitura e iluminações. E tenha em mente que palavras que às vezes parecem soltas sempre ganham novos significados diante dos novos caminhos percorridos. Basta ler as entrelinhas.

Marcel Souto Maior é jornalista e roteirista, autor da biografia *As Vidas de Chico Xavier*.

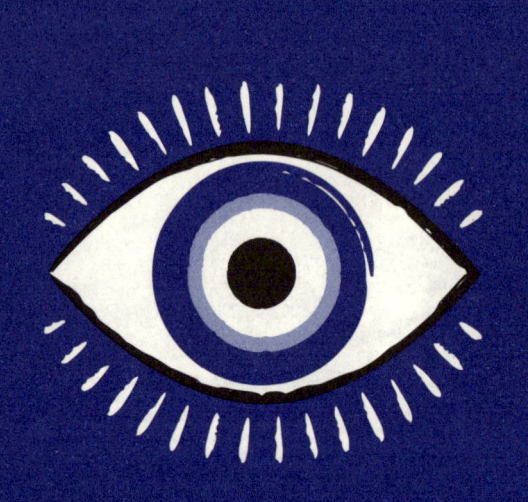

Livro Um

LUZ NO CAMINHO

Mabel Collins

*ESTAS REGRAS SÃO ESCRITAS
PARA TODOS OS DISCÍPULOS:
ESCUTAI-AS BEM*

Antes que os olhos possam ver, devem ser incapazes de lágrimas. Antes que os ouvidos possam ouvir, devem ter perdido a sensibilidade. Antes que a voz possa falar na presença dos Mestres, deve ter perdido a possibilidade de ferir. Antes que a alma possa estar de pé na presença dos Mestres, os seus pés devem ser banhados no sangue do coração.

1. Exterminai a ambição.[1]
2. Exterminai o desejo de viver.
3. Exterminai o desejo do conforto.
4. Trabalhai como trabalham
- os que são ambiciosos.

Respeitai a vida como fazem os que a desejam. Sede feliz como aqueles que vivem para a felicidade.

Procurai no coração a origem do mal e eliminai-o. Ele vive e desenvolve-se tanto no coração do discípulo dedicado como no do ser dotado de desejo. Só o forte pode matá-lo. O fraco tem de esperar que cresça, que frutifique, que morra. É planta que vive e cresce através das eras. Floresce quando o indivíduo acumulou em si inúmeras existências.

Aquele que quer entrar para o Caminho do Poder deve arrancar esta coisa de dentro do seu coração. E então o coração sangrará, e parecerá que se dissolve toda a vida do indivíduo. Esta prova tem de ser atravessada: pode vir no primeiro degrau da escada perigosa que conduz ao Caminho da Vida; pode não chegar senão no último. Mas, ó discípulo, não esqueçais que a tendes de atravessar; por isso concentrai sobre essa tarefa todas as energias da vossa alma.

Não vivais no presente, nem no futuro, mas sim no Eterno. Este grande arbusto não pode florescer ali; esta mancha na existência é apagada pela própria atmosfera do pensamento eterno.

5. Exterminai todo sentimento de separação.[2]
6. Exterminai o desejo de sensação.
7. Exterminai a fome de crescer.
8. Ficai, porém, sozinho e isolado, pois nada que tem um corpo, nada que tem consciência da separação, nada que esteja fora do Eterno, vos pode auxiliar.

Aprendei da sensação e analisai-a, porque só assim podeis começar a ciência do conhecimento de vós próprio e colocar o vosso pé no primeiro degrau da escada.

1. A ambição é a primeira coisa maldita, a grande tentadora do ser humano que se está a erguer acima de seus semelhantes. É a forma mais simples de buscar uma recompensa. Há pessoas inteligentes e fortes que por ela são continuamente desviadas das suas possibilidades superiores. Ela é, porém, uma mestra indispensável. Os seus resultados tornam-se pó e cinza no paladar; como a morte e o isolamento, ela acaba por mostrar ao indivíduo que trabalhar para si é trabalhar para a desilusão.

Mas, ainda que esta primeira regra pareça tão fácil e simples, não passeis por ela apressadamente. Porque estes vícios do ser humano normal passam por uma transformação sutil e reaparecem, já com outro aspecto, no coração do discípulo. É fácil dizer: "Não vou ser ambicioso"; mas já não é tão fácil dizer "Quando o Mestre ler o meu coração, verá que ele está todo puro".

O puro artista que trabalha por amor à sua obra está por vezes mais seguramente no bom caminho do que o Ocultista que julga que deixou de ter a sua própria pessoa por centro do seu interesse, quando apenas alargou os limites da experiência e do desejo, transferindo o seu interesse para as coisas que dizem respeito ao seu maior âmbito de vida.

O mesmo princípio se aplica às duas regras seguintes, aparentemente tão simples também. Lede-as e meditai-as e não vos deixeis facilmente enganar pelo vosso coração. Porque agora, no limiar, pode corrigir-se um erro. Levai-o, porém, convosco, e ele crescerá, frutificará, e tereis de sofrer amargamente com a sua destruição.

Crescei como a flor cresce, inconscientemente, mas sempre ansiando por abrir ao ar a sua alma. Assim deveis adiantar-vos a abrir a vossa alma ao Eterno. Mas deve ser o Eterno a fazer-vos aumentar a força e a beleza, e não o vosso desejo de crescer. Porque, num dos casos, desenvolveis-vos na exuberância da pureza; no outro, endureceis-vos pela paixão forte que tendes pela estatura pessoal.

9. Desejai apenas o que está dentro de vós.
10. Desejai apenas o que está além de vós.
11. Desejai apenas o que é inatingível.
12. Porque é dentro de vós que está a luz do mundo — a única luz que pode ser derramada sobre o Caminho.

Se a não podeis ver dentro de vós, é inútil que procureis em outra parte qualquer. Está além de vós, porque, quando lá chegais, perdestes-vos. É inatingível porque recua sempre. Entrareis para a luz, mas nunca tocareis na Chama.

13. Desejai o poder ardentemente.
14. Desejai a paz fervorosamente.
15. Desejai bens acima de tudo.
16. Mas estes bens devem pertencer à alma pura, e ser por isso possuídos por todas as almas puras igualmente, sendo assim propriedade especial do todo apenas quando unido.

Tende fome daqueles bens que a alma pura pode possuir, para que possais juntar riqueza para aquele espírito unido da vida que é o vosso único ser verdadeiro.

2. Não cuideis que vos podeis pôr à parte do indivíduo mau ou do insensato. Eles são vós próprio, ainda que em menor grau do que o é o vosso amigo ou o vosso Mestre. Mas se deixais que dentro de vós cresça a ideia da vossa separação de qualquer má pessoa ou coisa, com isso criai-vos um Karma que vos atará a essa pessoa ou coisa até que vossa alma reconheça que ela não pode ser isolada.

Lembrai-vos sempre de que o pecado e a vergonha do mundo são o vosso pecado e a vossa vergonha; porque sois parte dele, e o vosso Karma está, portanto, inextricavelmente confundido com o grande Karma. E antes que possais obter o conhecimento, deveis ter passado por todos os lugares, impuros como puros.

Lembrai-vos, pois, que a veste impura que vos repugna tocar talvez ontem tivesse sido a vossa, talvez venha a ser a vossa amanhã. E se vos afastais dela com horror, tanto mais de perto ela vos envolverá quando cair sobre os vossos ombros. A pessoa soberba da sua virtude constrói para si um leito de lama. Abstende porque a abstenção é o bem, e não para serdes puro.

Flor cresce e abre alma

"Crescei como
a flor cresce,
inconsci-
entemente,
mas sempre
ansiando por
abrir ao ar
a sua alma."

A paz que deveis desejar é aquela paz sagrada que nada pode perturbar, e onde a alma medra como a flor sagrada nas lagoas silenciosas. E aquele poder que o discípulo deve cobiçar é o que o fará parecer como nulo aos olhos dos humanos.

17. Procurai bem o Caminho.[3]
18. Procurai o Caminho retirando-vos para dentro.
19. Procurai o Caminho avançando ousadamente para fora.
20. Não o procureis por uma só estrada qualquer. Para cada temperamento há uma estrada que parece a mais desejável. Mas o Caminho não é encontrado só pela devoção, só pela contemplação religiosa, pelo progresso ardente, pelo trabalho dedicado, pela observação escrupulosa da vida. Nenhuma destas, só por si, pode fazer o discípulo avançar mais do que um degrau. Todos os degraus são necessários para completar a escada.

Os vícios dos seres humanos tornam-se degraus na escada, um a um, à medida que avança para além deles. As virtudes dos humanos são deveras degraus, necessários — de modo algum dispensáveis. Mas, conquanto criem uma boa atmosfera e um futuro feliz, são inúteis se estão isolados.

Toda natureza humana deve ser utilizada com sabedoria por aquele que deseja entrar no Caminho. Cada pessoa é para si própria, em absoluto, o Caminho, a verdade e a vida. Mas é-o apenas quando firmemente toma posse da sua individualidade e pela força da sua vontade espiritual desperta e reconhece

3. Estas quatro palavras parecerão, talvez, fracas demais para assim, de per si, constituírem uma regra. Dirá o discípulo: "Então eu estudaria estes pensamentos se não procurasse bem o caminho?" Não passeis adiante, porém, com demasiada pressa. Parai e meditai um momento. O que desejais é o caminho, ou há nas vossas visões uma vaga perspectiva de grandes alturas que deveis escalar, de um grande futuro que deveis conseguir? Tomai cuidado. O caminho deve ser procurado por amor a ele e não aos vossos pés que deverão trilhá-lo.

Há uma correspondência entre esta regra e a décima sétima da segunda série. Quando, após horas de luta e de muitas vitórias, for ganha a batalha final e exigido o final segredo, então estais preparado para um caminho subsequente. Quando vos for dito o último segredo desta grande lição, nele estará revelado o mistério da nova senda — caminho esse que leva para longe de toda a experiência humana, e que está de todo para além da percepção ou da imaginação do ser humano.

Em cada um destes pontos é preciso que vos demoreis muito tempo, meditando bem. Em cada um destes pontos é preciso que estejais certo de que o caminho é escolhido por ele só. A senda e a verdade estão primeiro; a vida vem depois.

essa individualidade como sendo, não o seu próprio ser, mas aquela coisa que com dor criou para seu uso e por meio da qual se propõe, à medida que seu processo se reflete na sua inteligência, atingir a vida além da individualidade.

Quando ele reconhece que para isto existe a sua estranha vida complexa e separada, então, e só então, ele está no Caminho. Procurai-o aprofundando os abismos misteriosos e gloriosos do vosso próprio ser mais íntimo. Procurai-o pondo à prova toda a experiência, utilizando os sentidos para compreender o crescimento e a significação da individualidade e a beleza e obscuridade desses outros fragmentos divinos que lutam a vosso lado, e constituem a raça que pertenceis. Procurai-o pelo estudo das leis do ser, das leis da Natureza, das leis do sobrenatural; e procurai-o pela profunda genuflexão da alma à pálida estrela que brilha dentro de vós.

Pouco a pouco, à medida que velais e adorais, a sua luz tornar-se-á mais forte. Então podereis saber que achastes o princípio do Caminho. E quando lhe tiverdes encontrado o fim, a sua luz subitamente tornar-se-á a luz infinita.[4]

21. Esperai que a flor desabroche no silêncio que segue à tempestade: e só então.

Ela crescerá, aumentará, criará ramos e folhas e formará botões, enquanto a tempestade continuar, enquanto durar a batalha. Mas é só quando toda a personalidade do indivíduo está dissolvida e liquefeita — é só quando ela é possuída pelo fragmento divino que a criou, como mero meio de séria experiência e

4. Procurai-o pondo à prova toda a experiência; e lembrai-vos que, quando digo isto, não digo: "Cedei às seduções dos sentidos para conhecerdes". Antes de vos tornardes um Ocultista, podereis fazê-lo; mas não depois. Quando já escolhestes o caminho e para ele entrastes, não podeis ceder sem vergonha a estas seduções. Mas podeis senti-las sem horror: podeis pesá-las, observá-las e medi-las, e aguardar, com paciência da confiança, a hora quando elas já não vos afetam. (Isto é: se estas seduções se sentem, devem ser calmamente analisadas, impessoalmente apreciadas, para que a lição que elas trazem seja aprendida. Mas ceder a elas é vergonhoso. — M.C.)

Não condeneis, porém, o que a elas cede; estendei-lhe, em auxílio, a mão, como um companheiro de viagem cujos pés estão pesados de lama. Lembrai-vos, ó discípulo, que, por grande que seja o abismo entre a pessoa boa e a pecadora, é maior ainda entre a pessoa boa e aquela que chegou ao conhecimento, e incomensurável, então, entre a pessoa boa e a que está no limiar de divindade. Tomai conta, portanto, em não vos julgardes demasiado cedo alguém à parte dos outros.

Quando tiverdes encontrado o princípio do caminho, a estrela da vossa alma mostrará a sua luz; e por esta luz vereis quão grande é a treva em que ela arde. A mente, o coração, o cérebro — todos são obscuros e escuros até estar ganha a primeira grande batalha. Que a visão não vos assuste nem apavore; conservai fitos os olhos na pequena luz, e ela crescerá. Mas deixai que a treva interior vos leve a compreender a impotência daqueles que não viram luz nenhuma, cujas almas estão numa escuridão profunda.

Não os censureis. Não vos afasteis deles; tentai, antes, aliviar um pouco do pesado Karma do mundo; juntai o vosso esforço ao daquelas poucas mãos fortes que fazem com que os poderes da treva não consigam uma vitória completa.

Então entrais para uma companhia de alegria, que traz, na verdade, um trabalho terrível e uma profunda tristeza, mas também um contentamento grande, cada vez maior.

experimentação —, é só quando toda a Natureza se rendeu e se tornou súdita do seu Ser Superior, que o botão pode desabrochar.

Então virá uma calma, como a que há num país tropical depois da chuva pesada, onde a Natureza opera tão depressa, quase podemos ver sua ação. Tal é a calma que virá ao espírito perturbado. E no profundo silêncio dar-se-á aquele acontecimento que prova que se encontrou o Caminho.

Dai-lhe o nome que quiserdes, é uma voz que fala onde não há quem fale — é um mensageiro que chega, um mensageiro sem forma nem substância; ou é a flor da alma que desabrochou. Não há metáfora que o possa descrever. Mas pode ser objeto da nossa ânsia, da nossa busca e do nosso desejo, mesmo durante o rugir da tempestade.

O silêncio pode durar um momento, ou pode durar mil anos. Mas terá fim. Levareis, contudo, a sua força convosco. Vez após vezes tem a batalha de se dar e de se vencer. Só por um intervalo pode a Natureza estar sem movimento.[5]

As regras que estão acima são as primeiras que estão escritas nos muros da Sala da Aprendizagem. Quem pede terá. Quem deseja ler lerá. Quem deseja aprender aprenderá.

A PAZ SEJA CONVOSCO.

5. O desabrochar da flor é o momento glorioso em que a percepção acorda: com ela vêm a confiança, o conhecimento, a certeza. A pausa da alma é o momento de espanto, e o momento seguinte, de satisfação, eis o silêncio.

Sabei, ó discípulo, que todos quantos passaram pelo silêncio, e sentiram a sua paz e retiveram a sua força, anseiam para que passeis por ele também. Por isso, na Sala da Aprendizagem, quando ele é capaz de por ali entrar, o discípulo encontrará sempre o seu Mestre.

Quem pedir, terá. Mas ainda que o indivíduo vulgar peça perpetuamente, não é ouvida a sua voz. Porque pede apenas com a mente; e a voz da mente só é ouvida naquele plano onde a mente opera. Por isso, só quando são passadas as vinte e uma regras é que eu digo que quem pedir, terá.

Ler, no sentido oculto, é ler com os olhos do espírito. Pedir é sentir a fome interior — a ânsia da aspiração espiritual. Poder ler quer dizer ter obtido o poder, num pequeno grau, de saciar aquela fome. Quando o discípulo está pronto a aprender, então é aceito, recebido, reconhecido. Assim deve ser, porque ele acendeu a sua lâmpada, e ela não pode ser escondida. Mas aprender é impossível enquanto não for ganha a primeira batalha. A mente poderá reconhecer a verdade, mas o espírito não a pode receber.

Uma vez atravessada a tempestade e atingida a paz, é então sempre possível aprender, ainda que o discípulo hesite, pare ou desvie. A voz do Silêncio fica dentro dele, e, ainda que ele se afaste de todo o caminho, um dia ressoará, e rasgá-lo-á, separando as suas paixões das suas possibilidades divinas. Então, entre dores e gritos de desespero do ser inferior abandonado, ele voltará.

Por isso eu digo: A paz seja convosco. "Dou-vos a minha paz" só pode ser dito pelo Mestre aos discípulos bem-amados, que são ele próprio. Há alguns, mesmo entre os que ignoram a Sabedoria do Oriente, a quem isto se pode dizer, e a quem dia a dia se pode dizer mais completamente.

Reparai nas três verdades. Elas são iguais.

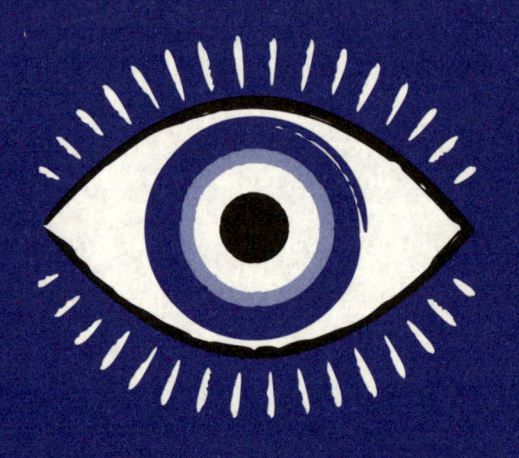

Livro Dois

LUZ NO CAMINHO
Mabel Collins

DO SILÊNCIO QUE É A PAZ UMA VOZ VIBRANTE SE ERGUERÁ

E esta voz dirá: Não está bem; colhestes, deveis agora semear. E, sabendo que esta voz é o próprio silêncio, obedecer-lhe-eis.

Vós, que sois agora um discípulo, capaz de vos terdes de pé, capaz de ouvir, capaz de ver, capaz de falar; que vencestes o desejo e chegastes ao conhecimento de vós próprio; que vistes a vossa alma no seu desabrochar e a reconhecestes, e ouvistes a Voz do Silêncio, ide agora à Sala da Aprendizagem e lede o que ali para vós está escrito.[1]

1. Ponde-vos de parte na batalha que se vai travar, e, ainda que combatais, não sejais vós o Guerreiro.
2. Procurai o Guerreiro e deixai que ele se bata por vós.

3. Recebei dele as ordens para a batalha e obedecei-lhes.
4. Obedecei-lhe, não como se ele fosse um general, mas como se fosse vós próprio e as suas palavras faladas a expressão dos vossos desejos secretos; porque ele é vós próprio, mas infinitamente mais sábio e mais forte do que vós sois.

Procurai o bem; se não, na febre e na pressa da batalha, podeis passar por ele; e ele não vos conhecerá a não ser que o conheçais. Se o vosso grito encontrar o seu ouvido atento, então ele lutará em vós e encherá o inerte vácuo interior.

E se isto for assim, então podereis atravessar a batalha calmo e sem cansaço, colocando vós mesmo de lado e deixando que ele se bata por vós. Então ser-vos-á impossível errar um golpe.

Mas se o não procurardes, se passardes por ele, então não haverá para vós salvaguarda nenhuma. O vosso cérebro ondeará, o vosso coração tornar-se-á incerto, e na poeira da luta falhar-vos-ão a vista e os sentidos, e não podereis distinguir os vossos amigos dos vossos inimigos.

Ele é vós próprio. Vós, porém, sois apenas finito e suscetível de errar; ele é eterno e está seguro. Ele é a verdade eterna. Uma vez apossado de vós e tornado o vosso Guerreiro, nunca de todo vos abandonará; e no dia da grande paz tornar-se-á uno convosco.

1. Poder ter-se de pé é ter confiança; poder ouvir é ter aberto as portas da alma; poder ver é ter chegado à percepção; poder falar é ter conseguido o poder de auxiliar os outros; ter vencido o desejo é ter aprendido como usar e dominar a personalidade; ter chegado ao conhecimento de si próprio é ter-se retirado para a cidadela íntima de onde o indivíduo pessoal pode ser examinado com imparcialidade; ter visto a alma no seu desabrochar é ter obtido em vós um vislumbre momentâneo da transfiguração que vos fará mais do que pode ser; reconhecer é realizar a grande tarefa de olhar para a luz fulgurante sem abaixar os olhos e sem recuar de terror, como ante qualquer terrível fantasma. Isto acontece a alguns, de modo que a batalha se perde quando está quase ganha.

Ouvir a Voz do Silêncio é compreender que é de dentro que vem a única indicação que vos guia; ir à Sala da Aprendizagem é entrar para o estado no qual se torna possível aprender. Então muitas palavras ali serão escritas para vós, e escritas em letras de fogo para que facilmente as possais ler. Porque quando o discípulo está pronto, o Mestre está pronto também.

5. Escutai a canção da vida.[2]
6. Guardai na vossa memória a melodia que ouvirdes.
7. Aprendei nela a lição da harmonia.
8. Podeis ter-vos de pé agora, firme como um rochedo no meio da batalha, obedecendo ao Guerreiro que é vós próprio e o vosso rei. Sem outro cuidado na batalha, que não o de fazer o que ele manda, não vos preocupando já com o resultado da batalha; porque só uma coisa é importante, que o Guerreiro vença, e vós bem sabeis que ele é incapaz de derrota; de pé assim, calmo e desperto, empregai o ouvido que adquiristes pela dor e pela destruição da dor.

Enquanto não sois senão um indivíduo, apenas fragmentos da grande canção chegam aos vossos ouvidos. Mas se a escutais, lembrai-a bem, para que nada que chegou até vós seja perdido, e tentai nela aprender o sentido do mistério que vos cerca.

Em tempo não precisareis de mestre. Porque, como o indivíduo tem voz, também a tem aquilo em que o indivíduo existe. A própria vida tem fala e nunca está silenciosa. E a sua fala não é, como vós os surdos podeis crer, um grito; é uma canção. Nela aprendei que vós sois partes da harmonia; nela aprendei a obedecer às leis da harmonia.

2. Procurai-a e escutai-a, primeiro no vosso próprio coração. A princípio talvez digais: "Não está lá; se procuro, encontro só a discórdia". Procurai mais fundo. Se recebeis nova desilusão, parai e procurai mais fundo ainda. Há uma melodia natural, uma fonte obscura em todo coração humano. Pode estar coberta, inteiramente escondida e silenciosa — mas lá existe. Na íntima base da vossa natureza encontrareis a fé, a esperança e o amor. Aquele que escolhe o mal recusa-se a olhar para dentro de si, tapa os ouvidos à melodia do seu coração, assim como cega os olhos à luz de sua alma. Faz isto porque acha mais fácil viver nos seus desejos. Mas no fundo de toda vida está a forte corrente que nada pode deter; o grande rio lá está verdadeiramente.

Encontrai-o e vereis que não há ninguém, nem mesmo a mais abjeta das criaturas, que não seja parte dele, por muito que se cegue para este fato, construindo para si uma forma externa fantástica e terrível. É nesse sentido que eu vos digo: Todos esses seres entre os quais vós lutais são fragmentos do divino. E tão enganadora é a ilusão em que viveis, que é difícil adivinhar onde primeiro percebereis a voz suave nos corações dos outros. Sabei, porém, que com certeza ela em vós existe. Procurai-a ali, que, uma vez ouvida, mais prontamente a reconhecereis em vosso entorno.

Uma fonte obscura

"Há uma melodia natural, uma fonte obscura em todo coração humano."

9. Contemplai atentamente toda a vida que vos cerca.

10. Aprendei a olhar inteligentemente para dentro dos corações humanos.[3]

11. Contemplai atentamente o vosso próprio coração.

12. Porque é através do vosso coração que vos vem a única luz que pode iluminar a vida e torná-la clara aos vossos olhos.

Estudai os corações dos seres humanos, para que possais saber o que é aquele mundo em que viveis e do qual quereis fazer parte. Contemplai a vida móbil e constantemente mudando o que vos cerca, porque ela é formada pelos corações deles; e na medida em que aprendeis a compreender a constituição e a significação deles, pouco a pouco podereis ler a palavra mais vasta da vida.

13. O falar chega apenas com o conhecimento. Consegui o conhecimento e conseguireis o falar.[4]

14. Tendo obtido o uso dos sentidos interiores, tendo vencido os desejos dos sentidos exteriores, tendo vencido os desejos da alma individual, e tendo obtido o conhecimento, preparai-vos agora, ó discípulo, para entrardes deveras para a estrada.

Encontrastes já o Caminho: preparai-vos para o trilhar.

3. De um ponto de vista absolutamente impessoal, sem o que a vossa vista é viciada. Por isso é preciso, primeiro, compreender a impessoalidade.

A inteligência é imparcial: ninguém é vosso inimigo, ninguém é vosso amigo. Todos são igualmente vossos mestres. Vosso inimigo torna-se um mistério a resolver, ainda que leve eras a fazê-lo; porque o indivíduo tem de ser compreendido. Vosso amigo torna-se parte de vós, um prolongamento de vós próprio, um problema difícil de decifrar. Há só uma coisa que é mais difícil de conhecer — o vosso próprio coração.

Só quando se desfazem os entraves da personalidade é que esse profundo mistério do ser pode começar a ser visto. Só quando estiverdes à parte dele é que ele de qualquer maneira se revelará ao vosso entendimento. Então, e só então, podeis segurar e guiar. Então, e só então, podeis usar todos os seus poderes, e dedicá-los a uma obra digna.

15. Perguntai à terra, ao ar e à água quais são os segredos que eles têm a revelar-vos. O desenvolvimento dos vossos sentidos interiores tornar-vos-á isso possível.

16. Perguntai aos santos da terra quais são os segredos que eles têm para vós. A vitória sobre os desejos dos sentidos exteriores dar-vos-á o direito de o fazer.

17. Perguntai ao mais íntimo, ao Um, qual o segredo final que através das eras ele guarda para vos revelar.

A grande e difícil vitória, a vitória sobre os desejos da alma individual, é uma obra que dura eras; não espereis por isso obter os prêmios que daí vos advêm senão após terdes acumulado eras sobre eras de experiência.

Quando chega a hora de entender esta décima sétima regra, o indivíduo está no limiar de se tornar mais do que um simples indivíduo.

18. O conhecimento, que é vosso agora, é vosso apenas porque a vossa alma se tornou uma com todas as almas puras e com o mais íntimo.

É uma missão de que vos encarrega o Altíssimo. Traia-a, usai mal ou negligencie o conhecimento, e mesmo agora é-vos possível cair da alta posição a que chegastes. Grandes há que caem para trás, mesmo no limiar, incapazes de sustentar o peso da sua responsabilidade, incapazes de passar para diante. Aguardai por isso sempre trêmulo e receoso este momento, e preparai-vos para o combate.

4. É impossível auxiliar os outros enquanto não tiverdes adquirido qualquer certeza vossa. Quando tiverdes aprendido as primeiras vinte e uma regras e entrado para a Sala da Aprendizagem, com os vossos poderes desenvolvidos e os vossos sentidos libertos, então achareis que há dentro de vós uma fonte de onde o falar surgirá. Depois da décima terceira regra, nenhuma palavra posso acrescentar ao que já está escrito.

Dou-vos a minha paz.

Estas notas são escritas apenas para aqueles a quem dou a minha paz; aqueles que podem ler o que escrevi não só com os sentidos exteriores, mas com os interiores também.

19. Está escrito que para aquele que está no limiar da divindade nenhuma lei pode ser feita, nenhuma guia pode existir. Mas, para elucidar o discípulo, a batalha final pode assim ser expressa:

Segurai bem aquilo que não tem substância nem existência.

20. Escutai apenas a voz que não tem som.
21. Olhai apenas para aquilo que é invisível tanto aos sentidos internos quanto aos externos.

A PAZ SEJA CONVOSCO.

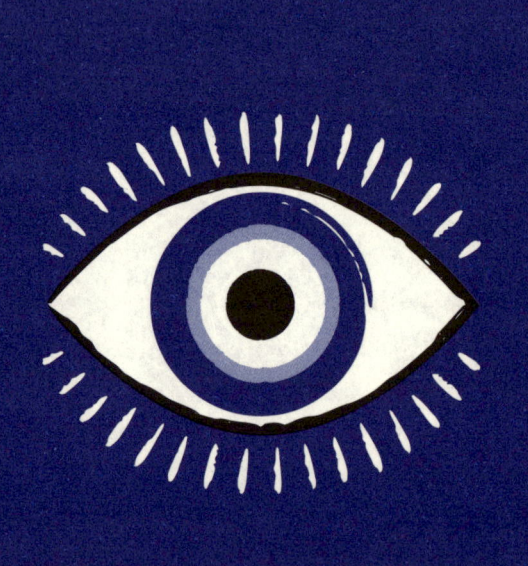

Reflexo, Reflexões

e COMENTÁRIOS ILUMINADOS

LUZ NO CAMINHO

Mabel Collins

Todos os leitores deste volume não devem esquecer que é um livro que pode parecer que contém alguma filosofia, mas muito pouco nexo, para aqueles que o julgam escrito em linguagem corrente. Para os muitos que dessa maneira o lerem, ele será — não tanto *caviar* como azeitonas fortes do seu sal. Tomai conta, portanto, e não leiais muito dessa maneira.

Há outra forma de ler, que é, na verdade, a única que se deve empregar para muitos autores. É a de ler, não entre as linhas, mas dentro das palavras. Trata-se, de fato, de decifrar uma cifra profundíssima. Todas as obras alquímicas estão escritas nesta cifra de que falo; ela tem sido empregada pelos grandes poetas e filósofos de todos os tempos. É usada sistematicamente pelos Adeptos na vida e no conhecimento, que, comunicando aparentemente a sua mais profunda sabedoria, não fazem senão esconder nas próprias palavras que empregam o seu verdadeiro mistério.

Não podem fazer senão isto. Há uma lei na Natureza que impõe que cada indivíduo leia por si esses mistérios. De nenhuma outra maneira os pode ele obter. Um indivíduo que deseje viver deve comer ele próprio o seu alimento, é esta a lei simples da Natureza — e ela vale também para a vida superior. Um indivíduo que nela queira viver e agir não pode ser alimentado por uma colher, como uma criança; deve comer por si próprio.

Proponho-me colocar em linguagem nova e por vezes mais clara algumas partes de *Luz no Caminho*; mas não posso garantir que deste meu esforço resulte realmente qualquer verdadeira interpretação. Para um surdo-mudo, uma verdade não se torna mais compreensível se, para assim lhe tornar, qualquer desastrado poliglota traduz as palavras em que ela está expressa para todas as línguas vivas e mortas, e lhe grita ao ouvido as diferentes frases. Mas para os que não são surdos-mudos, há em geral uma língua que é mais compreensível do que qualquer outra; e é a estes que eu me dirijo.

Os primeiros aforismos de *Luz no Caminho*, incluídos na primeira parte, têm, bem o sei, permanecido incompreensíveis quanto ao seu sentido íntimo para muitos que, no resto, compreendem perfeitamente a orientação do livro.

Há quatro verdades certas e provadas com respeito à entrada para o Ocultismo. As Portas de Ouro vedam aquele limiar; mas alguns há que transpõem essas Portas e descobrem o sublime e o ilimitável que está para além delas. Em épocas ainda muito longe no Tempo, todos passarão essas portas. Mas eu desejaria que o Tempo, o grande enganador, não fosse tão despótico. Para aqueles que o conhecem e o amam não tenho palavras a dizer; mas para os outros — e não são tão poucos como alguns podem imaginar —, para quem a passagem do Tempo é como o golpe de um martelo, e o sentimento do espaço como as grades duma gaiola de ferro, traduzirei, e tornarei a traduzir, até que eles compreendam bem.

As quatro verdades escritas na primeira página de *Luz no Caminho* referem-se à primeira iniciação do pretendente a ocultista. Enquanto ele não a passou, nem mesmo poderá chegar ao fecho da Porta que dá entrada para o conhecimento. O conhecimento é a maior herança humana; por que então não deve ele tentar buscá-lo por quantos caminhos possa?

O laboratório não é o único campo da experimentação; a *ciência* — sabemo-lo todos — deriva de *sciens*, particípio presente do verbo *scire*, "saber"; a sua origem é semelhante à da palavra *discernir, conhecer*. A ciência, portanto, não trata só da matéria, não, nem mesmo nas suas formas mais sutis e obscuras. Essa ideia nasce apenas do espírito indolente da época.

Ciência é uma palavra que abrange todas as formas do conhecimento. É muito interessante saber o que os químicos descobrem e vê-los abrir caminho através das densidades da matéria até as suas formas mais sutis; mas há outras formas do conhecimento, além desta, e não é toda a gente que restringe o seu (estritamente científico) desejo de saber as experiências suscetíveis de serem medidas pelos sentidos físicos.

Quem não for estúpido, ou atordoado por qualquer vício predominante, calcula, ou mesmo, talvez, já descobriu com certa segurança, que há sentidos sutis interiores aos sentidos físicos; em tudo isto nada há de extraordinário; se nos déssemos ao trabalho de pôr a Natureza no banco das testemunhas, veríamos que tudo quanto é perceptível à vista usual tem qualquer coisa mais importante do que ele próprio escondida dentro de si; o microscópio revelou-nos um mundo, mas dentro da esfera que o microscópio revela está um mistério que nenhum mecanismo pode penetrar.

Todo o mundo é animado e iluminado, até as suas formas mais materiais, por um mundo dentro dele. A este mundo interior chamam alguns o *Astral*, e a palavra é tão boa como qualquer outra, embora signifique apenas estelar; mas as estrelas, como apontou Locke, são corpos luminosos que dão luz por si. Esta qualidade é, com efeito, característica da luz que está dentro da matéria; porque aqueles que a veem não precisam de lâmpada para verem. De mais a mais, a palavra *star* (estrela) é derivada do anglo-saxão *stiran* (guiar, mexer, mover), e sem dúvida que é a vida interior que é a mesma da exterior, exatamente como é o cérebro do ser humano que guia os movimentos dos seus lábios. De modo que, conquanto *Astral* não seja, de *per si*, uma palavra muito boa, serve bem para os fins destas anotações.

Todo o *Luz no Caminho* está escrito numa cifra astral e só pode, portanto, ser decifrado por alguém que leia astralmente. E o seu ensinamento é especialmente orientado para o cultivo e desenvolvimento da vida astral. Só quando se tiver dado o primeiro passo neste desenvolvimento, é que o conhecimento rápido chamado a *intuição certa* se torna possível ao indivíduo. E esta intuição positiva e certa é a única forma de conhecimento que o habilita a trabalhar rapidamente ou a chegar ao seu alto e verdadeiro estado, dentro dos limites do seu esforço consciente.

Obter conhecimentos pela experimentação é método tedioso demais para aqueles que desejam trabalhar verdadeiramente; aquele que os obtém por uma intuição certa apodera-se das suas várias formas com uma rapidez suprema, por um esforço feroz de vontade: como um trabalhador decidido empunha a ferramenta, sem olhar ao seu peso ou a outra qualquer dificuldade que se lhe atravesse no caminho. Ele não espera que cada peça dessa ferramenta seja submetida a uma prova — usa aquelas que vê que melhor lhe servem.

Todas as regras contidas em *Luz no Caminho* são escritas para todos os discípulos, mas só para discípulos — para aqueles que "tomam conhecimento". Para ninguém, salvo para o estudioso nesta escola, têm as suas leis alguma utilidade ou algum interesse.

A todos que se interessam a sério pelo Ocultismo, começarei por dizer — tomai conhecimento. Àquele que tem, será dado. É inútil esperar por ele. Fechar-se-á ante vós o ventre do Tempo, e ficareis por nascer, sem poder nenhum. Por isso digo àqueles que têm fome ou sede de conhecimento: atendei bem a estas regras.

Não são elas obra nem invenção minha. São apenas o frasear de leis na sobrenatureza, o pôr em palavras de verdades tão absolutas que regem os fenômenos da terra e da sua atmosfera.

Os sentidos de que se fala, nestas quatro observações, são os sentidos astrais ou interiores.

Nenhum indivíduo deseja ver aquela luz que ilumina a alma sem espaço senão quando a dor, a tristeza e o desespero o arrastam para longe da vida da humanidade normal. Primeiro ele gasta o prazer, depois gasta a dor — até que, por fim, os seus olhos se tornam incapazes de lágrimas.

Isto é um truísmo [verdade evidente], se bem que eu saiba perfeitamente que encontrará uma negativa formal da parte de muitos que simpatizam com os pensamentos que nascem da vida interior. *Ver* com o sentido astral da vista é uma forma de atividade que é difícil compreendermos imediatamente. O cientista sabe perfeitamente que milagre é realizado por cada criança que vem para o mundo, quando primeiro domina a sua vista e a obriga a obedecer ao cérebro.

Um igual milagre por certo se dá com cada sentido, mas esta orientação da vista é talvez o esforço mais estupendo. A criança, porém, o faz de forma quase inconsciente, pela força poderosa herança do hábito. Ninguém, em adulto, se recorda de que o realizou; exatamente como nos não recordamos dos movimentos individuais que há um ano nos habilitaram a subir uma encosta. Isto tem origem no fato de que na matéria nos movemos, vivemos e temos o nosso ser. O nosso conhecimento dela tornou-se intuitivo.

Com a vossa vida astral, o que se passa é bem diverso. Há muito tempo já que o ser humano pouca atenção lhe presta — tão pouca que se pode dizer que perdeu o uso dos seus sentidos. Em cada civilização, é certo, a estrela surge e o ser humano confessa, com maior ou menos insciência e confusão, aquilo que sabe que é. Mas na maioria das vezes nega-o, e, ao tornar-se um materialista, torna-se esse ser estranho, um ser que não pode viver, um animal astral que tem olhos, ouvidos, voz e poder, e não quer empregar nenhum desses dons.

É este o caso, e o hábito da ignorância enraizou-se de tal modo, que atualmente ninguém verá com a visão interior enquanto a agonia não lhe tornar os olhos físicos não só cegos, mas até destituídos de lágrimas — a umidade da vida.

Ser incapaz de lágrimas é ter defrontado a vencido a simples natureza humana, e ter chegado a um equilíbrio que não pode ser abalado pelas emoções pessoais. Não implica qualquer dureza do coração ou indiferença. Não implica a exaustão da tristeza, quando a alma sofredora parece já não poder mais sofrer agudamente; não quer dizer o amortecimento da velhice, quando a emoção se vai embotando porque se vão gastando as cordas que com ela vibram. Nenhuma destas condições serve para um discípulo, e se qualquer delas nele existir, deve ser dominada antes que ele possa entrar para o Caminho.

A dureza do coração pertence ao egoísta; ao egoísta, para quem a Porta está sempre fechada. A indiferença é do néscio e do falso filósofo, daqueles cuja frágil índole os torna meros fantoches, sem força o bastante para encarar as realidades da existência. Quando a dor ou a tristeza tirou o fio ao sofrimento, o que resulta é um letargo semelhante ao que acompanha a velhice, como soem senti-la homens e mulheres. Tal condição torna impossível a entrada para o Caminho, porque o primeiro passo é difícil e é preciso, para o tentar, ser-se um indivíduo forte, cheio de vigor psíquico e físico.

É certo, como Edgar Allan Poe disse, que os olhos são as janelas para alma, as janelas daquele palácio povoado de espectros onde ela habita. É esta a mais aproximada interpretação em linguagem vulgar do sentido do texto. Se a dor, angústia, o desalento ou prazer podem abalar a alma ao ponto de ela perder a sua fixa posse do calmo espírito que a inspira, e a umidade da vida irrompe, afogando o conhecimento na sensação, então tudo se embruma, escurecem-se as janelas, a luz para nada serve. É este um fato tão literalmente certo como é o de que se o ser humano, à beira de um precipício, perde o sangue-frio por qualquer súbita emoção, inevitavelmente vem a despencar.

A linha do corpo, o seu equilíbrio, devem ser conservados, não só em lugares perigosos, mas mesmo em terreno plano, e com todo o auxílio que a Natureza nos ministra pela lei da gravitação. Assim acontece com a alma: ela é o elo entre o corpo exterior e o espírito estelar que está para além; a fagulha divina reside no lugar tranquilo onde nenhuma convulsão da Natureza possa fazer tremer o ar; assim é sempre.

Mas a alma pode perder a posse desse espírito, o seu conhecimento dele, ainda que ambos sejam parte de um todo; e é pela emoção, pela sensação, que essa posse se relaxa. Sofrer prazer ou dor causa uma vibração vívida que é, para a consciência do ser humano, a vida. Ora, esta sensibilidade não diminui quando o discípulo entra para a sua disciplina; ela aumenta.

É a primeira prova a que sua força é submetida; ele tem de sofrer, de gozar, de suportar, mais agudamente do que os outros, tendo, porém, tomado para si um encargo que não existe para os demais — o de não deixar o seu sofrimento desviá-lo do seu firme propósito. Ele tem, de fato, logo ao primeiro passo, de ter mão em si, firmemente, e de pôr freio na sua própria boca; ninguém, senão ele mesmo, o pode fazer.

Os quatro primeiros aforismos de *Luz no Caminho* referem-se inteiramente ao desenvolvimento astral. Esse desenvolvimento deve ter sido realizado até certa altura — isto é, deve ter sido plenamente iniciado —, antes que o resto do livro possa ser compreendido por mais do que a inteligência; antes, de fato, que ele possa ser lido como um tratado prático, e não metafísico.

Em uma das grandes fraternidades místicas há quatro cerimônias que decorrem do princípio do ano, e pode-se dizer que ilustram e elucidam esses aforismos. São cerimônias em que só noviços tomam parte, porque são simplesmente práticas do limiar. Mas servirá para mostrar que coisa séria é tornar-se um discípulo, quando se souber que todas elas são cerimônias de sacrifício.

A primeira é aquela de que tenho estado a falar. O mais intenso prazer, a mais amarga dor, a angústia da perda e do desespero, são feitos incidir sobre a alma trêmula, que ainda não encontrou luz na noite, que é indefesa como um cego: e, enquanto estes abalos se não podem sofrer sem perda do equilíbrio, os sentidos astrais têm de ficar selados. Tal é a lei misericordiosa. O "médium", ou "espiritista", que se lança pelo mundo psíquico sem preparação, é um violador da lei, um violador das leis da sobrenatureza. Os que violam as leis da Natureza perdem a sua saúde física; os que violam as leis da vida interior perdem a sua saúde psíquica.

Os "médiuns" enlouquecem, suicidam-se, tornam-se criaturas miseráveis destituídas de senso moral; e muitas vezes dão em descrentes, duvidando até de aquilo que com seus próprios olhos viram. O discípulo é obrigado a tornar-se dono de si próprio antes que se aventure neste caminho perigoso e tente lidar com aqueles seres que vivem trabalhando no mundo astral, e a quem chamamos Mestres, por causa do seu grande conhecimento e do seu poder de dominar não só a si próprios, mas também às forças que o cercam.

A condição da alma quando vive para a vida da sensação, contrapondo-a à vida do conhecimento, é vibratória ou oscilante, em oposição à fixa. É esta a representação literal, mas aproximada do fato; mas é literal apenas para o intelecto, não para a intuição. Para esta parte da consciência humana um vocabulário diferente se requer. A ideia de "fixo" pode talvez ser transposta para a de "em casa". Na sensação nenhuma "casa" permanente se pode encontrar, porque a mudança é a lei desta existência vibratória.

Este fato é o primeiro que o discípulo tem de aprender. É inútil parar e chorar sobre uma cena num caleidoscópio que passou.

É um fato bem conhecido, e que Bulwer Lytton tratou com grande vigor, que uma tristeza intolerável é a primeira das experiências do Neófito em Ocultismo.

Uma sensação de vácuo cai sobre ele, que torna o mundo um deserto e a vida um esforço vão. Isto segue-se à sua primeira contemplação do abstrato. Ao contemplar, ou mesmo ao tentar contemplar, o inefável mistério da sua própria natureza superior, ele próprio faz com que a provação inicial caia sobre si.

A oscilação entre o prazer e a dor para talvez durante um instante do tempo; mas isso basta para que ele seja arrastado para fora do seu ancoradouro no mundo da sensação. Experimentou, por pouco tempo que fosse, a vida maior; e ele prossegue na existência normal sob o peso de um sentimento de irrealidade, de vácuo, de horrível negação.

Este foi o pesadelo que visitou o neófito de Bulwer Lytton em *Zanoni*; e mesmo o próprio Zanoni, que tinha aprendido grandes verdades, a quem grandes poderes haviam sido confiados, não tinha realmente passado o limiar onde o terror e a esperança, o desespero e a alegria num momento parecem realidades absolutas, no outro meras formas da fantasia.

Esta prova inicial é-nos muitas vezes imposta pela própria vida. Porque a vida é, afinal, a grande mestra. Voltamos a estudá-la, depois de termos adquirido poder sobre ela, exatamente como o professor de Química aprende mais no laboratório do que o seu aluno. Há pessoas tão próximas da porta do conhecimento que a própria vida os prepara para ele, e nenhuma mão individual é necessária para invocar o horrendo guarda da entrada.

Essas devem ser, naturalmente, organizações sensíveis e poderosas, capazes do mais vivido prazer; então vem a dor e cumpre o seu grande dever. As mais intensas formas do sofrimento caem sobre essa natureza, até que por fim ela desperta do seu sono da consciência, e, pela própria força da sua vitalidade interior, atravessa o limiar para um lugar de paz.

Então a vibração da vida perde o seu tirânico poder. A natureza sensível tem ainda de sofrer; a alma, porém, libertou-se e está à parte, guiando a vida em direção à sua grandeza. Aqueles que são súditos do Tempo, e vagarosamente percorrem todos os seus espaços, continuam a viver através de uma prolongada série de sensações, sofrendo uma constante mistura de prazer e dor. Não ousam apertar a serpente do ser pessoal com uma mão firme e dominá-la, tornando-se assim divinos; mas preferem continuar oscilantes através de experiências várias, sofrendo os embates das forças opostas.

Quando um dos súditos do Tempo decide entrar para o caminho do Ocultismo, é esta a sua primeira tarefa. Se a vida não ensinou, se ele não tem a força para ensinar a si próprio, e se ele tem poder bastante para pedir auxílio de um Mestre, então essa terrível prova, descrita em *Zanoni*, é-lhe imposta. A oscilação em que vive é interrompida por um momento, e ele tem de sobreviver ao abalo de lidar com o que à primeira vista parece ser o abismo do nada. Só quando aprendeu a habilitar esse abismo e descobriu a sua paz, é possível aos seus olhos tornarem-se incapazes de lágrimas.

LUZ NO CAMINHO

Mabel Collins

II

ANTES QUE O OUVIDO POSSA OUVIR, DEVE TER PERDIDO A SUA SENSIBILIDADE

As quatro primeiras regras de *Luz no Caminho* são sem dúvida, por estranha que a observação pareça, as mais importantes, salvo uma, que o livro contém. São assim tão importantes porque elas contêm a lei vital, a própria essência criadora do indivíduo astral. E é apenas na consciência astral (ou iluminada por si própria) que as regras que se lhes seguem têm um sentido vivo. Logo que se obtenha o uso dos sentidos astrais, torna-se normalíssimo que eles se comecem a empregar; e as regras posteriores não passam de indicações para o seu emprego.

Quando assim me exprimo, entende-se, é claro, que o que quero dizer é que as quatro primeiras regras são as que verdadeira importância e interesse devem ter para aqueles que as leem impressas em uma página. Quando estão gravadas, indubitavelmente, no coração e na vida da pessoa, então as outras regras tornam-se, não observações metafísicas simplesmente interessantes ou extraordinárias, mas fatos reais da vida que têm de ser objeto de compreensão e de experiência.

As quatro regras estão escritas na sala magna de toda a loja existente de uma Fraternidade viva. Quer o indivíduo vá, como Fausto, vender a alma ao demônio; quer, como Hamlet, vá ser vencido no combate; quer vá avançar dentro do recinto — em qualquer dos casos são para ele essas palavras. O ser humano pode escolher entre a virtude e o vício, mas só quando chegar a ser um indivíduo adulto; uma criança ou um bicho não têm esse poder de escolha.

Assim se passa com o discípulo; ele tem primeiro de se tornar um discípulo antes mesmo que consiga enxergar os caminhos entre os quais tem de escolher. Este esforço de se criar discípulo, o renascimento, tem ele de o obrar por si, sem Mestre.

Enquanto não aprende as quatro regras, nenhum mestre lhe pode servir de nada; e é por isso que aos "Mestres" se faz referência da maneira como se faz. Não há Mestres verdadeiros, quer sejam Adeptos no Poder, quer no Amor, quer no Mal, que possam afetar um indivíduo antes de ele passar por estas regras.

As lágrimas, como disse, podemos chamar a umidade da vida. Tem a alma de pôr de parte as emoções humanas, de obter um equilíbrio que a adversidade não possa abalar, antes que os seus olhos possam abrir-se para o mundo sobre-humano.

A voz dos Mestres está sempre no mundo; mas só a ouvem aqueles cujos ouvidos já não estão aptos a receber os sons que afetam a vida pessoal. Já o riso não alivia o coração, já a ira não o pode encolerizar, nem as palavras ternas trazem-lhe um bálsamo. Porque aquilo que dentro está, e para quem os ouvidos são como um portal exterior, é em si um lugar imperturbável de paz que já ninguém pode abalar.

Assim como os olhos são as janelas da alma, os ouvidos são os seus portais ou portas. Através deles chega o conhecimento da confusão do mundo. Os grandes que dominaram a vida, que se tornaram mais do que discípulos, estão em paz e imperturbáveis no meio da vibração e do movimento caleidoscópio da humanidade. Dentro de si têm um perfeito conhecimento, assim como uma paz perfeita; e por isso os não excitam e não perturbam os fragmentos, parciais e enganosos, de informação que lhes trazem aos ouvidos as variadas vozes dos que o cercam.

Quando falo do conhecimento, refiro-me ao conhecimento intuitivo. Esta informação certa não pode ser conseguida nem por trabalho assíduo, nem pela experimentação; porque esses métodos são aplicáveis só à matéria, e a matéria é em si uma substância perfeitamente incerta, continuamente afetada pela mudança. As leis mais absolutas e universais da vida natural e física, tais como o cientista as compreende, deixarão de existir quando deixar de existir este universo, é só a alma restar, no silêncio. Qual será, então, o valor do conhecimento das suas leis, obtido pelo trabalho e pela observação?

Espero que nenhum leitor ou crítico tenha compreendido, pelo que tenho dito, que me proponho depreciar ou menosprezar o conhecimento adquirido, ou o trabalho da ciência. Pelo contrário, sustento que os que servem a ciência são os pioneiros do pensamento moderno. Os dias da literatura e da arte, quando os poetas e os escultores viam a luz divina, e a reproduziam na sua linguagem sublime — esses dias jazem no passado longínquo, sepultos com os escultores que antecederam Fídias e com os poetas pré-homéricos. Os mistérios não regem já o mundo do pensamento e da beleza; a vida humana, e não o que está para além, é hoje a força governadora.

Mas os obreiros da ciência vão avançando, não tanto pela sua própria vontade como pela mera força das circunstâncias, em direção à fronteira longínqua que separa as coisas interpretáveis das coisas ininterpretáveis. Cada nova descoberta representa mais um passo neste caminho, e é por isso que tanto prezo o conhecimento obtido pelo trabalho e pela experimentação.

O conhecimento intuitivo, porém, é uma coisa inteiramente diferente. Não é adquirido de uma maneira ou de outra, sendo, por assim dizer, uma faculdade da alma; não a alma animal, aquela que se torna um espectro depois da morte, quando a luxúria, ou afeição, ou a memória de maus atos a prendem na vizinhança dos humanos; mas a alma divina que anima todas as formas externas do ser individualizado. Trata-se, é claro, de uma faculdade que reside nessa alma, que é inerente. O que quer ser discípulo tem de se erguer até a consciência dela mediante um esforço feroz, resoluto e indômito da vontade. Emprego o termo "indômito" por uma razão especial. Só aquele que é indomável, que não pode ser dominado, que sabe que tem de ser senhor dos demais, dos fatos, de todas as coisas salvo a sua divindade própria, pode despertar em si esta faculdade.

"Com a fé todas as coisas são possíveis." Os céticos escarnecem da fé e orgulham-se da sua ausência no seu espírito. A verdade é que a fé é um engenho enorme, um poder imenso, que, na verdade, pode conseguir todas as coisas. Porque é o impacto ou contrato entre a parte divina do ser humano e o seu ser inferior.

O emprego deste engenho é absolutamente necessário para se obter o conhecimento intuitivo; porque, a não ser que um indivíduo creia que esse conhecimento existe dentro de si, como pode ele pretender tê-lo e empregá-lo?

Sem ele, é mais desvalido do que as madeiras, os restos de naufrágios levados à tona das grandes marés do oceano. Eles são atirados para um lado e outro; assim o pode ser o indivíduo pelos acasos da sorte. Mas tais aventuras são puramente externas e de pequeníssimo valor. Pode um escravizado ser levado pelas ruas em algemas e, contudo, manter o ânimo sereno de um filósofo, como se viu na pessoa de Epiteto. Pode um indivíduo ter em seu poder todos os prêmios terrenos, pode ser, aparentemente, dono absoluto do seu destino pessoal, e, contudo, não ter paz nem certeza, por estar abalado dentro de si por cada maré de pensamento em que toca.

E essas marés inconstantes não se limitam a atirar o indivíduo para aqui e para ali, como se fora os restos de um naufrágio; isso, de *per si*, pouco seria. Passam os portais da alma, cobrem essa alma, tornam-na cega, oca, despida de toda a inteligência estável, afetável, portanto, pelas impressões passageiras.

Para tornar mais nítido o sentido do que quero dizer, empregarei um exemplo. Tomemos um autor quando está a escrever, um pintor diante da sua tela, um compositor a escutar as melodias que vão raiando da sua imaginação embevecida; que cada um destes trabalhadores passe as horas do dia ao pé de uma grande janela dando para uma rua de muito movimento. O poder da vida animadora cega a vista e o ouvido, e o grande tráfego da cidade passa como se fosse uma pomba inútil. Alguém, porém, cujo espírito está vazio, cujas horas não tenham ocupação, sentado a essa mesma janela, repara nos transeuntes e fixa na memória os casos que aconteça agradarem-lhe ou despertarem o seu interesse. Assim se passa com o espírito na sua relação com a verdade eterna. Se já não transmite à alma as suas flutuações, o seu reconhecimento parcial, a sua informação incerta; então no lugar interior da paz, encontrado já desde que se aprendeu a primeira regra — nesse lugar interior torna-se chama a luz do conhecimento verdadeiro.

Então os ouvidos começam a ouvir. Muito pouco, a princípio, muito vagamente. E, na verdade, tão débeis e fracas são estas primeiras indicações do princípio da vida real, verdadeira, que por vezes são postas de parte como meras fantasias, meras coisas da imaginação. Mas antes que elas possam tornar-se mais do que meras coisas da imaginação, o abismo do nada tem de ser encarado sob uma outra forma.

O silêncio absoluto, que só pode vir de se fecharem os ouvidos a todos os sons passageiros, surge como um horror ainda maior do que o próprio vácuo informe do espaço. A nossa única concepção mental do espaço vazio é, creio, quando reduzido ao seu último elemento pensável, a da escuridão impenetrável. Para muita gente isso representa um grande terror físico, e, quando considerado como fato eterno e imutável, deve levar ao espírito mais a ideia do extermínio do que outra qualquer. Mas é apenas a obliteração de um sentido; o som de uma voz pode vir trazer conforto mesmo na escuridão mais profunda.

O discípulo, tendo ido dar a esta escuridão, que é o abismo terrível, deve, pois, de tal modo fechar as portas da sua alma que ali não possa entrar nem um confortador nem um inimigo. E é ao fazer este segundo esforço que o fato de a dor e o prazer serem na verdade a mesma sensação se torna patente àqueles que até ali não puderam perceber. Porque quando se chega à solidão do silêncio, a alma deseja tão ferozmente e ardentemente qualquer sensação a que se apoie, que uma sensação dolorosa ser-lhe-ia tão bem-vinda como uma agradável.

Quando atinge esta consciência, o indivíduo corajoso pode, tomando-a e retendo-a, imediatamente destruir a tal "sensibilidade". Quando o ouvido já não distingue o agradável do doloroso, já não pode ser afetado pelas vozes dos outros. E então já é seguro e possível abrir as portas da alma.

A "vista" é o primeiro esforço, e o mais fácil, porque se consegue, em parte, por um esforço intelectual. A inteligência pode dominar o coração, como todos sabem pela experiência normal da vida. Por isso este passo preliminar está ainda no domínio da matéria. Mas o segundo passo já não admite este auxílio, ou

Voz mais Profunda

"O som de uma voz pode vir trazer conforto mesmo na escuridão mais profunda."

qualquer espécie de apoio material. É claro que por "apoio material" quero referir-me à ação do cérebro, ou das emoções, ou da alma humana. Ao obrigar os ouvidos a escutarem apenas o silêncio eterno, o ser a que chamamos de humano torna-se qualquer coisa que já não é humano.

Um exame muito superficial das mil e uma influências que incidem sobre nós, vindas dos outros, bastará para demonstrar que isto deve ser assim. Um discípulo cumprirá todos os seus deveres; mas cumpri-los-á segundo a sua própria noção do dever, e não segundo a de qualquer pessoa ou grupo de pessoas. É esta uma consequência evidentíssima de se seguir a religião do conhecimento em vez de qualquer uma das cegas crenças.

Para obter o puro silêncio preciso ao discípulo, o coração e as emoções, o cérebro e os seus intelectualismos têm de ser postos à parte. Ambos não passam de maquinismos, que acabarão quando acabar a vida humana. É a essência última, aquilo que é o poder o motor, que faz o indivíduo viver, que é agora obrigado a despertar e a agir. É agora a maior hora do perigo. Na primeira provação os humanos endoidecem de terror; desta primeira provação tratou Bulwer Lytton.

Nenhum romancista seguiu até a segunda provação, ainda que o hajam feito alguns dos poetas. A sua sutileza e grande perigo estão no fato de que na medida da força de um indivíduo está a medida da probabilidade de passar para além dela ou de chegar mesmo a com ela arcar. Se ele tem poder bastante para acordar essa parte inacostumada de si, a essência suprema, então tem o poder para abrir as Portas de Ouro, então é o verdadeiro alquimista, de posse do elixir da vida.

É neste ponto da experiência que o Ocultista se separa de todos os outros e entra para uma vida exclusivamente sua; para o caminho do conseguimento individual, em vez da obediência aos gênios que regem a nossa terra. Este erguer-se até ser um poder espiritual, na verdade o identifica com as forças mais nobres da vida e o torna uno com elas. Porque elas estão além dos poderes desta terra e das leis deste universo. Nisto está a única esperança do indivíduo de ter êxito no grande esforço; saltar diretamente da sua posição atual para a seguinte, e imediatamente tornar-se uma parte intrínseca do poder divino, como foi uma parte intrínseca do poder intelectual, da grande natureza a que ele pertence.

Ele está sempre diante de si próprio, se tal contradição é compreensível. São eles que aderem a esta posição, que creem no seu poder inato de progredir, e no da humanidade inteira, que são os Irmãos Mais Velhos, os pioneiros. Cada indivíduo tem de dar o grande salto por si e sem auxílio; mas serve, de certo modo, de bastão a que se encoste, o saber que outros também já seguiram por aquele caminho. É possível que eles tenham se perdido no abismo; não importa — tiveram a coragem de entrar lá.

A razão que me leva a dizer que é possível que se tenham perdido no abismo é o fato de que um que já atravessou não é suscetível de ser conhecido exceto quando a outra condição, inteiramente nova, é atingida por ambos. É desnecessário que entremos agora no exame de qual é essa condição.

Direi isto apenas — que o indivíduo no início do estado em que entra para o silêncio perde conhecimento dos seus amigos, dos que o amam, de todos quantos lhe eram próximos e caros; e perde também de vista o seus Mestres e aqueles que o precederam neste caminho. Explico isso porque há quase nenhum que atravesse sem que amargamente se queixe. Pudesse o espírito de antemão ter bem presente que o silêncio tem de ser completo, e esse queixume escusaria de surgir como um obstáculo no Caminho.

O vosso Mestre ou o vosso predecessor bem poderá segurar a vossa mão na sua, bem poderá dar-vos quanta simpatia caiba no coração humano. Quando, porém, chegam o silêncio e a escuridão, perdeis toda a noção dele; estais só, e ele não pode auxiliar-vos, não porque o seu poder houvesse cessado, mas porque evocastes o vosso grande inimigo.

Com "o vosso grande inimigo", quero dizer vós-próprio. Se tendes o poder de encarar com a vossa própria alma na escuridão e no silêncio, tereis dominado o ser físico e animal que reside na sensação apenas.

Receio que esta observação pareça complexa, quando na verdade é perfeitamente simples. O indivíduo, quando chegou a à sua fruição, e a civilização está no seu auge, fica colocado entre dois fogos. Pudesse ele exigir a sua grande herança, e a vida meramente animal desprender-se-ia dele sem dificuldade. Mas tal não faz, e por isso as raças humanas florescem e depois murcham, e morrem, e, decaindo, desaparecem da face da terra, por rara que haja sido a flor que deram. De modo que fica para o indivíduo o realizar este grande esforço; recusar-se a ser amedrontado pela sua natureza superior, recusar-se a ser puxado para trás pelo seu ser inferior ou mais material.

Cada indivíduo que assim faz é um redentor da espécie. Pode ele não proclamar os seus feitos, pode morar no segredo e no silêncio, mas a verdade é que forma um elo entre o ser humano e a sua parte divina; entre o conhecido e o desconhecido; entre o burburinho do mercado e a quietação dos Himalaias nevados. Ele não tem de andar por entre os humanos para formar esse elo; no astral ele é esse elo, e esse fato torna-o um ser diverso do resto da humanidade. Mesmo tão no princípio do caminho para o conhecimento, quando não deu ainda senão o segundo passo, sente que pisa mais firme, e adquire a consciência de que é uma parte reconhecida de um todo.

É esta uma das contradições da vida de tão frequente ocorrência que dão matéria para o romancista. O Ocultista encontra-as muito mais acentuadas ao tentar viver a vida que escolheu. À medida que se retira para dentro de si e se torna só de si dependente, sente cada vez mais definidamente que se vai tornando parte de uma grande onda de pensamento e emoção definidos. Quando aprendeu a primeira lição, venceu a fome do coração e se recusou a viver do amor dos outros, sente-se mais capaz de inspirar amor. À medida que deita fora a vida, ela volta-lhe numa forma nova e com um novo sentido.

O mundo sempre foi um lugar cheio de contradições para o ser humano; quando se torna um discípulo, ele vê que a vida se pode descrever como uma série de paradoxos. Isso é um fato da Natureza, e a razão dele bastante compreensível. A alma do ser humano "mora à parte como uma estrela", mesmo a alma do mais vil de nós; ao passo que a sua consciência está sobre o domínio da lei da vida vibratória e dos sentidos. Só isso basta para causar aquelas complicações de caráter que são material para o romancista; cada ser humano é um mistério tanto para o amigo como para o inimigo, como mesmo para si próprio.

Os seus motivos são muitas vezes impossíveis de descobrir, e nem ele pode descer em si até encontrá-los, ou saber por que agiu desta ou daquela maneira. O esforço do discípulo é o da consciência que acorda nessa parte estelar de si, onde o poder e a divindade jazem adormecidos. À medida que essa consciência vai despertando, as contradições que há no ser humano tornam-se mais acentuadas do que nunca; como também se tornam os paradoxos que ele tem de viver. Porque, é claro, o ser humano cria sua própria vida; e "as aventuras são para aventureiros" é um desses sábios prolóquios que nascem do conhecimento dos fatos, e abrangem toda a extensão da experiência humana.

A pressão sobre a parte divina do ser humano reage sobre a parte animal. Conforme a alma dormente acorda, torna a vida quotidiana deste ser mais viva, mais verdadeira e responsável, mais existente para um fim. Para não abandonarmos os dois exemplos já mencionados: o Ocultista, que se retirou para dentro da sua cidadela, encontrou a sua força; imediatamente toma consciência das exigências do dever. Não obtém a sua força por direito seu, mas por ser uma parte do todo; e logo que ele se acha livre da vibração da vida e se pode conservar inabalado, o mundo exterior grita por ele, para que no mundo venha labutar. O mesmo se dá com o coração. Quando já não deseja receber, é-lhe exigido que dê abundantemente.

Ao *Luz no Caminho* se tem chamado um livro de paradoxos, e com muita justiça se lhe deu esse nome; que outra coisa poderia ser, tratando, como trata, as próprias experiências pessoais do discípulo?

Ter adquirido os sentidos astrais da vista do ouvido; ou, por outras palavras, ter atingido a percepção e aberto as portas da alma, são tarefas gigantescas e podem envolver o sacrifício de muitas encarnações sucessivas. Quando, porém, a vontade chegou a sua pujança, todo o milagre se pode operar num segundo do Tempo. Então não é o discípulo já um servo do Tempo.

Estes dois primeiros passos são negativos; isto é, implicam simplesmente mais uma retirada de uma condição presente de coisas do que um avanço para uma outra condição. Os dois passos seguintes são ativos, pois implicam o avanço para um outro estado do ser.

LUZ NO CAMINHO

Mabel Collins

III
ANTES QUE A VOZ POSSA FALAR NA PRESENÇA DOS MESTRES

A palavra é a faculdade de comunicar com os outros; o momento da entrada para a vida ativa é marcado pela sua obtenção.

E agora, antes que vá mais longe, deixai que explique um pouco o modo como estão ordenadas as regras transcritas em *Luz no Caminho*. As sete primeiras, das que estão numeradas, são subdivisões das duas primeiras regras sem número, aquelas de que me ocupei nas páginas precedentes. As regras numeradas representam apenas uma tentativa de tornar as regras sem número mais inteligíveis. Da oitava à décima quinta, todas elas pertencem à regra sem número que me serve agora de assunto (o texto deste capítulo).

Como disse, estas regras são escritas para todos os discípulos, mas para mais ninguém; não têm interesse para quaisquer outras pessoas. Espero, por isso, que mais ninguém se dê ao trabalho de prosseguir na leitura destas notas.

As duas primeiras regras incluem toda aquela parte do esforço que necessita do emprego do bisturi do cirurgião. Mas exige-se do discípulo que seja sem auxílio que se defronte com a cobra, o seu ser inferior; que suprima as paixões e emoções humanas pela força da sua própria vontade. Só pode pedir auxílio a um Mestre depois de conseguir isto, ou de, pelo menos, o conseguir em parte. Se assim não for, estarão embaçadas, cegas, escurecidas as janelas da sua alma, e o conhecimento não poderá chegar até ele.

Não me proponho, nestas notas, ensinar a alguém como há de haver-se para com a sua própria alma; estou a dar simplesmente conhecimentos ao discípulo. A circunstância de eu não estar a escrever, mesmo agora, de modo que todos me compreendam, é devido ao fato de que a sobrenatureza o impede pela ação das suas próprias leis imutáveis.

As quatro regras que transcrevi para aqueles ocidentais que as desejam estudar estão, como já disse, escritas na antecâmara de toda a Fraternidade viva: acrescentarei ainda que estão escritas na antecâmara de toda a Fraternidade viva ou morta, ou de toda a Ordem ainda por formar-se. Quando falo de uma Fraternidade, ou de uma Ordem, não me quero referir a qualquer constituição arbitrária, obra de comentadores e de intelectuais; refiro-me a um fato real da sobrenatureza, a um estado de desenvolvimento para o absoluto Deus, ou o Bem absoluto.

Durante esse desenvolvimento o discípulo encontra a harmonia, o conhecimento puro, a pura verdade, em graus diferentes, e, conforme entra nestes graus, encontra-se a fazer parte do que se pode, de certo modo, descrever como estrato de consciência humana. Encontra os seus pares, indivíduos com o seu caráter impessoal, e a sua associação com eles torna-se permanente e indissolúvel, porque se baseia numa semelhança vital da Natureza. A eles se liga e prende por votos que não precisam ser expostos ou enquadrados em palavras normais. É este um aspecto daquilo a que chamo uma Fraternidade.

Uma vez vencidas as primeiras regras, o discípulo encontra-se no limiar. Então, se a sua vontade for suficientemente decidida, vem o seu dom da palavra: um duplo dom. Porque, agora, à medida que avança, encontra-se a entrar para um estado de desabrochamento, onde cada botão que abre projeta os seus vários raios ou pétalas. Se tem de exercer o seu novo dom, deve usá-lo com o seu duplo caráter. Encontra em si o poder de falar na presença dos Mestres; por outras palavras, tem o direito de exigir o contato com o mais divino elemento daquele estado de consciência para que entrou. Sente-se, porém, obrigado, pela natureza da sua posição, a agir de duas maneiras ao mesmo tempo. Não pode elevar a sua voz até às alturas onde estão os deuses senão quando tiver penetrado naqueles lugares profundos onde a luz deles não chega nunca.

Entrou para o abraço de uma lei de ferro. Se pede para ser um neófito, imediatamente se torna um servo. Mas o seu serviço é sublime, quanto mais não fosse pelo caráter daqueles que, como ele próprio, também lhes servem. Porque os Mestres são igualmente servos; servem e exigem depois a sua recompensa. Parte do serviço deles é deixar que o que sabem toquem nele, o primeiro ato do serviço dele é dar algum desse conhecimento àqueles que não estão ainda aptos a estar onde ele está. Não se trata de uma decisão arbitrária, instituída por qualquer Mestre ou Instrutor, ou por qualquer pessoa análoga, por divina que seja. É uma lei daquela vida para a qual o discípulo entrou.

Por isso se escrevia no portal inferior de todas as Lojas da antiga Fraternidade Egípcia: "O trabalhador é digno do seu salário".

"Pedi e tereis" parece coisa por demais fácil e simples para que mereça crédito. Mas o discípulo não pode "pedir", no sentido místico que a palavra tem neste passo das escrituras, senão quando obteve o poder de auxiliar os outros.

Por que é isso assim? Terá essa declaração um aspecto demasiado dogmático?

Será demasiado dogmático afirmar que um indiví tem de ter os pés no chão antes que possa saltar? A situação é a mesma. Se auxílio é prestado, se trabalho é feito, então existe um direito real — não aquilo a que chamamos um direito pessoal de receber salário, mas o direito de *conatureza*. Os divinos dão: exigem que deis também, antes que possais ser da espécie deles.

Esta lei descobre-se logo que o discípulo tenta falar. Porque a palavra é um dom que só vem ao discípulo de poder e conhecimento. O espiritualista entra para o mundo psicoastral, mas não encontra ali uma linguagem definida, a não ser que imediatamente a peça e o continue a fazer. Se há interesse pelos "fenômenos" ou pelas meras circunstâncias e acidentes da vida astral, então já não entra para qualquer raio direto de pensamento ou de propósito; apenas vive e se diverte na vida astral como tem vivido e se divertido na vida física.

Há, decerto, uma ou duas lições simples que o psicoastral lhe pode ensinar, assim como há lições simples que a vida material e intelectual lhe pode ensinar. E estas lições têm de ser aprendidas; o indivíduo que se proponha entrar para a vida do discípulo sem ter aprendido as lições primeiras e mais simples terá de sofrer por causa da sua ignorância. São lições vitais, e de uma maneira vital têm de ser estudadas; experimentadas completamente, e repetidas vezes, até que não haja parte do espírito que não tenha sido por elas penetrada.

Voltemos.

Ao exigir o poder de falar como se lhe chama, o Neófito ergue a voz até o Grande, que mais alto está no raio do conhecimento, para que ele entrou, para que o guie. Quando assim faz, a sua voz, devolvida do poder a que se dirigiu, ecoa até aos mais fundos escaninhos da ignorância humana. De uma maneira confusa e indistinta, a notícia de que existe o conhecimento e um poder beneficente que ensina é levada a tantas pessoas quantas sejam capazes de a escutar. Nenhum discípulo pode passar um limiar sem comunicar esta notícia, sem a registrar de uma forma ou de outra.

Ele fica horrorizado pela maneira imperfeita e incompleta em que o fez; então vem o desejo de o fazer bem, e com este desejo de auxiliar os outros vem o poder de o fazer. Porque é um puro desejo que assim o toma; nenhum crédito, glória ou recompensa pessoal lhe podem advir da sua realização. E é por isso mesmo que ele obtém o poder de o realizar.

A história de todo o passado, até onde podemos ver, mostra bem claramente que não há crédito, glória ou recompensa que se adquiram com esta primeira tarefa dada ao Neófito. Sempre se escarneceu dos místicos e se recusou crédito os profetas; aqueles que, além disso, tiveram o poder da inteligência, deixaram escrita à posteridade a sua experiência, que a muitos pessoas parece visionária e sem sentido, mesmo quando os autores têm a vantagem de falar desde um passado remotíssimo.

O discípulo que toma sobre si a tarefa, ocultamente esperando a fama ou o êxito, aparecer ante o mundo como um mestre ou um apóstolo, falha mesmo antes de tentar a sua obra, e a sua oculta hipocrisia envenena-lhe a alma, e as almas daqueles a quem ensina. Secretamente está a ter o culto de si próprio, e esta prática idólatra tem de trazer as suas consequências.

O discípulo que tem o poder de entrar, e força o bastante para passar cada barreira, terá, quando a mensagem divina lhe chegar à alma, o esquecimento completo de si próprio na nova consciência que cai sobre ele. Se este alto contato deveras o pode despertar, torna-se como um dos Divinos no seu desejo de antes dar que receber, no seu desejo de antes auxiliar que receber auxílio, na sua resolução de antes dar de comer aos famintos que tirar, ele, maná do Céus.

A sua natureza está transformada, e o egoísmo, que na vida quotidiana provoca as ações dos humanos, repentinamente o abandona.

LUZ NO CAMINHO

Mabel Collins

IV

ANTES QUE A VOZ POSSA FALAR NA PRESENÇA DOS MESTRES, DEVE TER PERDIDO O PODER DE FERIR

Aqueles que dão ao assunto do Ocultismo apenas uma atenção passageira e superficial — e o nome deles é legião — perguntam constantemente por que é que, se os Adeptos em vida existem, não aparecem no mundo, mostrando o seu poder. Que o corpo principal destes Sábios exista, como se diz, para além da muralha dos Himalaias, parece ser prova bastante de que Eles não passam de figuras de palha. Se assim não é, por que colocá-Los tão longe?

Infelizmente, foi a Natureza que assim quis, e não uma escolha ou arranjo individual. Há certas partes da terra onde o avanço da "civilização" não é sentido e onde a febre do nosso século não chega. Nestes lugares privilegiados há sempre tempo, há sempre ocasião, para as realidades da vida; não os apinham as atividades de uma sociedade ébria de dinheiro e de prazer. Enquanto na terra houver

Adeptos, deve a terra reservar-Lhes lugares onde vivam separados. É este um fato da Natureza que não passa de uma expressão externa de uma grande verdade sobrenatural.

O pedido do Neófito não é escutado senão quando a voz em que é dito perdeu o poder de ferir. Isto é porque a vida do divino astral é um lugar onde reina a ordem, exatamente como na vida natural. Há sempre, é claro, o centro e a periferia, como na Natureza. Perto do coração central de vida, em qualquer plano, está o conhecimento; ali a ordem reina inteiramente; e o caos torna vaga e confusa a margem externa do círculo. De fato, a vida em todas as suas formas sempre mais ou menos se assemelha a uma escola filosófica. Há sempre os devotos do conhecimento, que esquecem suas próprias vidas a procurá-lo; há sempre a multidão estúpida que vem e passa. Destes, disse Epiteto que era tão fácil ensinar-lhes filosofia como o é comer caldo com um garfo.

O mesmo estado existe na vida superastral; e o Adepto tem ali uma solidão ainda mais verdadeira e profunda, onde habita. Este retiro é tão seguro, tão separado, que não há som que envolva dissonância que seja capaz de lhe chegar aos ouvidos. Para que será isto preciso — perguntar-se-á imediatamente — se Ele é um ser de tão grandes poderes, quanto afirmam os que creem na Sua existência?

A resposta é realmente muito simples. Ele serve a Humanidade e identifica-Se como todo mundo; está pronto a todo momento a por ele sacrificar-se — *vivendo, não morrendo, para ele.*

Por que não morrerá Ele pelo mundo? Porque é uma parte do grande todo, e uma das partes mais valiosas. Porque vive sobre leis de ordem que não deseja violar. A Sua vida não lhe pertence, mas às forças que por trás Dele trabalham. Ele é a flor da Humanidade, a flor que contém a Semente Divina. Ele é, na Sua pessoa, um tesouro da Natureza universal, guardado e posto a seguro para que a sua fruição seja perfeita.

Só em certos períodos da história do mundo Lhe é permitido que surja entre o rebanho humano como seu Redentor. Mas para aqueles que têm o poder de se separar desse rebanho, Ele está sempre perto. E para aqueles que têm força bastante para desviar os vícios da natureza humana pessoal, conforme nestas quatro regras se expõe, Ele está conscientemente perto, fácil de reconhecer, pronto a dar a resposta.

Mas este domínio de si próprio implica uma destruição de qualidades que a maioria dos humanos tem não só por indestrutíveis, como também por desejáveis. O "poder de ferir" inclui muita coisa que os humanos prezam, não só em si, como também nos outros. O instinto da defesa e da conservação pessoal é parte disso; a ideia de que alguém tem algum direito ou direitos, como cidadão, como pessoa, ou como indivíduo; a agradável consciência da dignidade e da virtude. Estas palavras são duras para muita gente, mas são verdadeiras. Porque estas palavras que ora estou a escrever, e aquelas que sobre este assunto escrevi, não são de modo algum minhas. Derivam das tradições da Loja da Grande Fraternidade, que em tempos foi o esplendor secreto do Egito.

As regras escritas na sua antecâmara eram as mesmas que estão escritas na antecâmara das escolas que hoje existem. Em todos os tempos os sábios viveram separados da multidão. E mesmo quando qualquer propósito induz algum deles a vir para o meio da vida humana, a Sua solidão e segurança continuam a ser completamente garantidas. São parte da Sua herança, parte da Sua posição. Ele tem um direito real a elas, e não pode abdicar desse direito, exatamente como o duque de Westminster não pode dizer que não quer ser o duque de Westminster.

Nas várias grandes cidades do mundo um Adepto vive uns tempos de vez em quando, ou talvez apenas as atravesse; mas todas elas de vez em quando recebem o auxílio do poder real e da presença real de uma destas pessoas. Aqui em Londres, como em Paris e em São Petersburgo, há pessoas altamente desenvolvidas. Mas apenas se conhecem como místicas aquelas que têm o poder de as reconhecer; o poder dado pelo domínio de si próprio.

Se assim não fosse, como poderiam eles existir, ainda que uma hora apenas, no gênero da atmosfera mental e psíquica criada pela confusão e pela desordem de uma cidade? A não ser que estivessem protegidos e seguros, o Seu desenvolvimento seria perturbado e prejudicaria a Sua obra. E o Neófito pode encontrar um Adepto em carne e osso, viver na mesma casa que Ele, e contudo não poder conhecê-Lo, não poder fazer-Lhe ouvir a sua voz. Porque não há proximidade no espaço, não há estreiteza de relações, ou intimidade quotidiana, que possa suspender as leis invioláveis que dão a um Adepto a Sua solidão.

Nenhuma voz chega ao Seu ouvido interior senão quando se tornou uma voz divina, uma voz que não dá expressão aos gritos do ser pessoal. Qualquer apelo menor seria inútil, seria um dispêndio tão estéril de energia, como seria o de ser ensinado a crianças o alfabeto por um professor de Filologia. Enquanto um indivíduo se não torna, em coração e alma, um discípulo, ele não existe para aqueles que são Instrutores de discípulos. E só por um método ele se torna um discípulo — pelo abandono da sua humanidade pessoal.

Para que a voz tenha perdido o poder de ferir, deve um indivíduo ter chegado àquele ponto onde se veja apenas como um elemento das vastas multidões que vivem; um dos grãos de areia lançados de um lado para o outro pelo mar da existência vibratória. Diz-se que cada grão de areia no fundo do oceano quando trazido à superfície e lançado à praia, vive um momento à luz do Sol. Assim acontece aos seres humanos; de um lado para o outro são levados por uma grande força, e cada um, por sua vez, recebe o brilho do Sol. Quando uma pessoa pode olhar a sua vida como sendo assim parte de um todo, não mais lutará para conseguir qualquer coisa para si. É isto o abandono dos direitos pessoais.

O indivíduo normal espera, não ter uma sorte igual ao resto do mundo, mas, nalguns pontos que o interessam, ficar melhor do que os outros pares. O discípulo tal não espera. Por isso, ainda que seja, como Epiteto, um escravizado acorrentado, nada tem que dizer a esse respeito. Ele sabe que a roda da vida gira incessantemente. Burne-Jones mostrou-o, no seu maravilhoso quadro [*The Wheel of Fortune*, Edward Burne-Jones, 1883]; gira a roda, e a ela estão atados ricos e pobres, grandes e pequenos;

Grão areia vive à luz

"Cada grão de areia no fundo do oceano quando trazido à superfície e lançado à praia, vive um momento à luz do Sol."

cada qual tem o seu momento de boa sorte quando a roda o traz para o alto; o rei sobe e cai, o poeta brilha e é esquecido, o escravizado é feliz e depois abandonado.

Cada um, por sua vez, é esmagado à medida que a roda gira. O discípulo sabe que isto é assim, e, ainda que seja seu dever fazer o mais que pode com a vida que é sua, ele nem se queixa dela nem com ela rejubila, nem lhe arranca um só queixume a melhor sorte dos outros. Todos, por igual — ele bem o sabe —, estão apenas a aprender uma lição; e ele sorri do socialista e do reformador, que tentam à viva força reordenar circunstâncias que nascem das forças da própria natureza humana. Isto não passa de uma revolta estéril, um dispêndio inútil de vida e de energia.

Ao compreender isto, a pessoa abandona os seus direitos individuais imaginários, de qualquer espécie que sejam. Isso elimina um espinho doloroso comum a todos os seres humanos normais.

Quando o discípulo plenamente se compenetrou de que a própria ideia de direitos individuais não é senão o efeito da qualidade venenosa que em si tem, que é o similar da serpente da personalidade, que com seu dente envenena a sua vida e as vidas dos que o cercam, então está pronto a tomar parte numa cerimônia anual que é patente a todos os Neófitos que para ela estejam preparados. Todas as armas, defensivas como ofensivas, se abandonam; todas as armas da mente e do coração, do cérebro e do espírito. Nunca mais um outro indivíduo pode ser para ele uma pessoa que se pode criticar ou condenar; nunca mais pode o Neófito tornar a erguer a sua voz em defesa própria ou própria desculpa.

Daquela cerimônia, ele regressa ao mundo tão indefeso, tão desprotegido com uma criança recém-nascida. É isto, na verdade, o que ele é. Começa a nascer outra vez ao plano superior da vida, naquele planalto arejado e luminoso de onde os olhos veem com inteligência e contemplam o mundo com uma nova compreensão.

Disse, há pouco, que, depois de se desfazer do sentimento dos direitos individuais, deve o discípulo também desfazer-se do instinto da dignidade e da virtude. Esta doutrina pode parecer terrível; todos os Ocultistas, porém, sabem perfeitamente que não é uma doutrina, mas um fato. Aquele que se julga mais santo do que o outro, o que de algum modo se orgulha de ser isento de vício ou de leviandade, o que se crê sábio ou prudente, ou de qualquer maneira superior aos seus semelhantes, não está apto a ser um discípulo.

Uma pessoa tem de se tornar como uma criança para poder entrar no Reino do Céus.

A virtude e a sabedoria são coisas sublimes; se, porém, provocam o orgulho e a consciência de se ser um ser à parte do resto da Humanidade, então são apenas as serpentes do ser pessoal que ressurgem sob uma forma menos grosseira. De um momento para o outro podem retomar a forma mais grosseira e ferir tão ferozmente como quando inspiravam as ações do assassino que mata por dinheiro ou por ódio, ou do político que sacrifica o povo aos interesses próprios ou aos do seu partido.

De fato, ter perdido o poder de ferir indica que a serpente foi não só atordoada, porém morta. Quando está apenas atordoada ou adormecida, novamente acorda, e o discípulo usa o seu conhecimento e o seu poder para os seus fins pessoais, e é aluno dos muitos mestres da Arte das Trevas, porque o caminho para a destruição é muito largo e fácil, e pode ser encontrado mesmo de olhos vendados. Que é o caminho para a destruição é evidente, pois quando alguém começa a viver apenas para si, estreita seu horizonte continuamente até que, finalmente, a feroz jornada de isolamento o deixa habitando em um espaço tão pequeno que apenas um alfinete poderia se firmar.

Todos nós temos assistido a este fenômeno na vida normal. Uma pessoa que se torna egoísta isola-se, torna-se menos interessante e agradável aos outros. O espetáculo é hediondo, e toda a gente acaba por se afastar do egoísta como de uma fera. Quão mais hediondo não é, pois, quando acontece num plano mais avançado da vida, com o acúmulo dos poderes do conhecimento, e através do âmbito maior de encarnações sucessivas!

Por isso digo: parai e considerai bem no limiar. Porque se o pedido do Neófito é feito sem a purificação total, não penetrará na solidão do Adepto Divino, antes evocará as forças terríveis que atendem o lado obscuro da nossa humana natureza.

LUZ NO CAMINHO

Mabel Collins

V

ANTES QUE A ALMA POSSA ESTAR DE PÉ NA PRESENÇA DOS MESTRES, OS SEUS PÉS DEVEM SER BANHADOS NO SANGUE DO CORAÇÃO

A palavra alma, como aqui se emprega, quer dizer a alma divina ou "espírito estelar".

"Poder estar de pé é ter confiança"; e ter confiança quer dizer que o discípulo está seguro de si, que abandonou as suas emoções, e sua personalidade, a sua própria humanidade; que é insuscetível ao medo e insensível à dor; que toda a sua consciência está centralizada na Vida Divina, que é expressa simbolicamente pelo termo "os Mestres"; que não tem olhos, nem ouvidos, nem voz, nem poder, senão em e para o Raio Divino no qual o seu mais alto sentido tocou.

Então é ele destemido, isento de dor, liberto da ansiedade ou do desalento; a sua alma está, sem receio ou desejo de adiamento, no pleno fulgor da Luz

Divina que inteiramente penetra o seu ser. Então recebe a sua herança e pode pedir que se reconheça o seu parentesco com os Instrutores dos seres humanos; ele está de pé, firme, de cabeça erguida, e respira o mesmo ar que Eles respiram.

Mas antes que de qualquer maneira lhe seja possível fazer isso, os pés da alma devem ser banhados no sangue do coração.

O sacrifício, ou rendição do coração do indivíduo e das suas emoções, é a primeira dessas regras; envolve "a obtenção de um equilíbrio que nenhuma emoção pessoal pode abalar". Isto faz o filósofo estoico; ele, também, se põe à parte, olhando com igual equanimidade para os seus sofrimentos como para os dos outros.

Do mesmo modo que "lágrimas" na linguagem dos Ocultistas exprime a alma da emoção, e não a sua aparência material, assim o "sangue" exprime, não aquele sangue que é um essencial da vida física, mas o princípio vital criador na natureza do ser humano, que o arrasta para o meio da vida humana, para ter experiência da dor e do prazer, da alegria e da tristeza. Quando deixou correr o sangue do coração, ergue-se ante os Mestres como puro Espírito, que já não deseja encarnar para obter emoções e experiências.

Através de grandes ciclos de tempo, pode acontecer que sucessivas encarnações tenham antes de ser o seu destino; mas ele já não as deseja: nele já está morto o rudimentar desejo de viver.

Quando assume a forma humana, em carne e osso, fá-lo seguindo um fim divino, para executar a obra "dos Mestres", e para nenhum outro fim. Não procura a dor nem o prazer, nenhum céu pede e nenhum inferno teme; entrou, porém, na posse de uma grande herança, que não é tanto uma compensação por essas coisas que abandonou, como um estado que absolutamente apaga a memória delas.

Ele já não vive no mundo, mas com o mundo; o seu horizonte ampliou-se até abranger o âmbito do universo inteiro.

Kar–
ma

LUZ NO CAMINHO

Mabel Collins

Considerai comigo que a existência individual é uma corda que se estende do finito até o infinito e que não tem nem princípio, nem é suscetível de ser quebrada. Essa corda é composta de inúmeros pequenos fios, os quais, juntos e apertados, constituem a sua grossura. Esses fios são incolores, são perfeitos nas suas qualidades de serem retos, fortes e paralelos. A corda, passando, como passa, por todos os lugares, sofre estranhos acidentes.

Muitas vezes um fio é preso e preso fica, ou é talvez apenas violentamente desviado do seu paralelismo com os outros. Então durante muito tempo desordena-se, e desordena o conjunto. Por vezes um deles suja-se ou colora-se, e acontece não só que a mancha se alastra para além do ponto onde caiu, mas também que descora outros fios. E lembrai-vos que os fios são vivos, que são como arames elétricos; mais, que são como nervos que vibram. Quão longe, portanto, se não comunica a mancha, o desvio acontecido!

Mas tempo vem em que os longos cordões, os fios vivos, que na sua continuidade ininterrupta formam o indivíduo, passam da sombra para a luz. Então os fios já não são incolores, porém dourados; tornam a ficar unidos e paralelos. Torna a estabelecer-se entre eles a harmonia; e dessa harmonia interna a harmonia maior se conclui.

Este exemplo apresenta apenas uma pequena parte, um lado só, da verdade: é menos que um fragmento. Considerai-o, porém; com o seu auxílio sereis levado a compreender mais ainda.

O que é preciso compreender antes de mais nada é que o futuro não é arbitrariamente formado por quaisquer atos separados do presente, mas que todo o futuro existe em continuidade ininterrupta com o presente, como o presente com o passado. Em um plano, de um ponto de vista, o exemplo da corda é verdadeiro.

Diz-se que um pouco de atenção dada ao Ocultismo produz grandes resultados cármicos. Isso porque é impossível dar alguma atenção ao Ocultismo sem efetuar uma escolha definida entre o que vulgarmente se denomina o bem e o mal. O primeiro passo no Ocultismo conduz o estudioso até a árvore da ciência. Ele tem de colher a fruta e comê-la; tem de escolher. Já não é capaz da indecisão da ignorância. Prossegue, ou pelo bom, ou pelo mau caminho. E dar um só passo que seja de intenção definida e consciente em qualquer dos caminhos produz grandes resultados cármicos.

A maioria dos humanos segue hesitantemente, incertos quanto à meta que procuram; a sua norma de vida é indefinida; por isso o seu Karma opera de uma maneira confusa. Mas uma vez atingido o limiar do conhecimento, a confusão começa a diminuir, e por isso os resultados cármicos aumentam enormemente, porque todos estão a agir na mesma direção em planos diferentes: porque o Ocultista não pode ser uma pessoa de meia vontade, nem pode voltar atrás uma vez que ultrapasse o limiar. Essas coisas são tão impossíveis como ele tornar a ser a criança que foi. A individualidade aproximou-se do estado da responsabilidade em virtude da sua evolução: não pode já retroceder.

Aquele que deseja escapar aos laços do Karma deve erguer a sua individualidade da sombra até a luz; deve de tal modo elevar a sua existência, que esses fios não toquem em substâncias que manchem, que não se prendam de sorte que se desviem. Ele ergue-se, simplesmente, para fora da região onde o Karma opera. Não deixa, por tal fazer, a existência que está a experimentar. Pode ser rude e suja, ou cheia de flores belas cujo pólen manche, e de substâncias doces que se peguem e prendam — por cima, porém, está sempre o céu livre e aberto.

O que deseja ser sem Karma deve buscar no ar o seu domicílio; e depois de ali, buscá-lo no éter. O que deseja formar bom Karma encontrará muitas confusões, e, no esforço de semear boas sementes para a sua colheita, pode bem plantar mil ervas daninhas e entre elas a erva gigante. Não desejeis semear para uma colheita vossa: desejai apenas semear aquela semente cujo fruto alimentará o mundo.

Sois parte do mundo; ao dar-lhe de comer, a vós o dais. Neste próprio pensamento, porém, esconde-se um grande perigo que surge e confronta o discípulo que há muito julga quem trabalha pelo bem, enquanto no âmago da sua alma apenas viu o mal; isto é, julgou ter sempre tido na intenção o bem do mundo, quando, todo o tempo, inconscientemente abraçou o pensamento do Karma, e o grande benefício que busca é para si próprio.

Um indivíduo pode forçar-se a não pensar na recompensa. Mas nesse próprio esforço se vê que a recompensa é desejada. E é inútil o discípulo tentar aprender pelo processo de se dominar. A alma deve estar livre, os desejos libertos. Mas enquanto não estiverem fixos apenas naquele estado onde não há recompensa nem castigo, bem nem mal, é em vão que ele se esforça. Poderá parecer fazer grandes progressos, mas um dia virá em que ele estará frente a frente com a sua alma, e reconhecerá então que, quando chegou à árvore da ciência, escolheu o fruto amargo, e não o doce; o véu, então, cairá inteiramente, e ele abandonará a liberdade, escravizando-se pelo desejo.

Meditai bem, pois, todos vós que principiais a voltar-vos para a vida do Ocultismo. Aprendei agora que não há cura para o desejo, que não há cura para o amor à recompensa, que não há cura para a mágoa da ânsia, salvo no fixar da vista e do ouvido naquilo que é invisível e sem som. Principiai, agora mesmo, a praticá-lo, e assim afastareis mil serpentes do vosso caminho. Vivei no Eterno.

A operação das leis reais do Karma não é para ser estudada senão quando o discípulo chegar ao ponto em que elas já não o afetam. O iniciado tem direito a pedir que lhe sejam ensinados os segredos da Natureza e as leis que regem a vida humana. Obtém este direito por ter escapado dos limites da Natureza e se ter libertado das regras que governam a vida humana. Tornou-se uma parte reconhecida do elemento divino, e já não é afetado pelo que é temporário. Então obtém conhecimento das leis que governam as condições temporárias.

Por isso, vós, que desejais compreender as leis do Karma, tentai primeiro libertar-vos dessas leis; e só o podereis conseguir fixando a vossa atenção em aquilo que essas leis não afetam.

Pedir que sejam ensinados

"O iniciado tem direito a pedir que lhe sejam ensinados os segredos da Natureza e as leis que regem a vida humana."

Somos Éter Vital

por REBECCA GERNDT

LUZ NO CAMINHO

Mabel Collins

Posfácio

Luz no Caminho representa um clássico na literatura teosófica e é uma espécie de manifesto para que o indivíduo seja capaz de encontrar em si a luz para iluminar a própria jornada. Assim, o texto conduz e auxilia o leitor no despertar de seus dons e no envolvimento de todos os sentidos em uma imersão astral e de autoconsciência junto das energias do universo.

Dedicada a todos que buscam experimentar uma transformação, a obra-prima de Mabel Collins apresenta seu conteúdo de forma didática e auxilia os caminhantes a conhecer, compreender e aplicar as regras que prega. Passando pelo processo de reconhecimento e aceitação de erros e fraquezas, os leitores são guiados para se transformarem em um novo ser, mais evoluído e próximo da natureza divina, abrangendo uma existência altruísta e justa.

Este guia para encontrar a luz infinita fornece valiosas lições de autoconhecimento, paz e silêncio do mundo exterior. A obra conduz o leitor aos primeiros conceitos do ocultismo, karma, espiritualidade, plano astral e verdades evidentes que costumam se esconder em rotinas e hábitos nocivos da humanidade. As ferramentas estão todas dentro de cada um: o silêncio interior, o conhecimento intuitivo, a consciência psicoastral e a disciplina de uma alma livre são os principais condutores para uma trajetória gloriosa pela vida.

Luz no Caminho foi publicado em março de 1885, e é considerado um dos clássicos mais aclamados entre os teosofistas justamente por estruturar o pensamento e a filosofia em uma linguagem acolhedora, tendo sido traduzido para inúmeros idiomas. O conteúdo deste livro foi adquirido durante um transe, e sobre a criação do manuscrito Mabel Collins relatou o seguinte para a revista *Broad Views* em maio de 1904:[1]

> *"[...] Como resultado de longos e persistentes esforços, um dia fui retirada do meu corpo e do lugar onde estava e levada para outro ambiente, muito distante; era um outro mundo, muito diferente de todos os outros, e eu tinha um corpo diferente, cujos sentidos eu governava com a mesma estranheza de uma criança pequena, com membros recém-adquiridos. E tal como uma criança, fui conduzida pela mão por um ser poderoso; ele me ensinou a ver e a compreender o que via. Atravessamos o longo corredor de um*

---

[1] Broad Views — Independent Monthly for Theosophy, Vol. VII, No. 1, julho de 1905.

enorme salão e paramos diante de uma das paredes. Olhei para ela com imensa alegria porque era indescritivelmente dotada de beleza. Nela, então, surgiram pedras preciosas; cada centímetro da esplêndida parede coberto por pedras brilhantes, do chão até o teto, a perder de vista, e o brilho e o fulgor eram encantadores. Disseram-me para olhar com cuidado, e então vi que as pedras preciosas haviam sido posicionadas a fim de formar certos padrões e símbolos. Foi preciso mais do que minha própria atenção e a ajuda ativa de meu guia para que eu pudesse perceber que esses padrões e caracteres eram letras que formavam palavras e frases. Mas consegui visualizá-las, e me disseram para memorizar cuidadosamente o máximo que pudesse, e redigi-las assim que voltasse ao meu corpo. E assim o fiz. Lembro-me com muita clareza da estranha natureza do meu retorno a mim mesma, na sala mal iluminada onde minha cunhada aguardava pacientemente pelo resultado (ela ficou me observando enquanto eu estava fora). Consistia em algumas palavras, em poucas frases... eram as primeiras frases de Luz no Caminho. Para ver e ler esses caracteres pessoalmente, fui levada até a parede onde estão os escritos que podem ser lidos por todos que entram neste lugar: conhecido pelos leitores de Luz no Caminho como a "Sala da Aprendizagem". Da mesma forma, fui adquirindo gradualmente todo o conteúdo do livro que, desde que foi lançado ao mundo, teve uma vida tão vasta e rica. Acredito que muito mais está escrito naquela parede do que eu poderia perceber na minha leitura; mas, para mim, o restante era apenas um brilho de joia cintilante para os meus olhos."

Luz no Caminho é uma obra muito aclamada pelos críticos da literatura teosófica, tendo Mabel Collins despertado em seus leitores um senso de humanidade que transcende potencialmente e reverbera na eternidade, onde o passado, presente e futuro são apenas passageiros, e o foco está em aperfeiçoar a vida eterna e o karma cósmicos. Instiga assim em sua jornada uma revolução na humanidade que precisa começar nos corações e mentes. A purificação das intenções, a ação conjunta e a abdicação da constante busca por satisfação pessoal só podem se iniciar através de um profundo processo de autoconhecimento, e *Luz no Caminho* promove uma introdução nessa jornada. Chamamos *introdução* porque são fornecidas as devidas diretrizes aos seus leitores, porém o trabalho é árduo e único, e principalmente contínuo. É o constante praticar dessa consciência do coletivo e abdicar de seus desejos em prol de um coletivo. Essa realidade não precisa ser necessariamente distante, ela pode se tornar uma experiência possível, e esse ideal Mabel Collins defendeu em inúmeras de suas obras.

Sua história de vida é seu caminho: a trajetória de Mabel Collins

Mabel Collins (registrada Minna Mabel Collins) nasceu em Guernsey, em 9 de setembro de 1851. Era filha de Edward James Mortimer Collins (mais conhecido como Mortimer), popular poeta, romancista e jornalista, e de Susanna Hubbard, de origem russa. Mabel se tornou jornalista, romancista e escritora, além de notável médium, teosofista e ativista contra a vivissecção. A vida de Mabel Collins é, no entanto, repleta de mistérios e lacunas onde a verdade foi se perdendo com o tempo. A estruturação de uma linha do tempo no caso de Mabel Collins nos surpreende com enigmas sem solução, especulações, peculiaridades e muitos boatos.

Sua dedicação e aptidão para a literatura foi incentivada por seu pai, que era autodidata e escreveu ensaios e poemas para uma variedade de publicações (revistas, livros, jornais etc), também atuando como professor ocasionalmente. Quando tinha 12 anos, Mabel começou a escrever seus primeiros romances e versos. Ela jamais frequentou a escola; toda a educação formal foi recebida de seu pai, que focou sobretudo em literatura, poesia e filosofia, negligenciando outras matérias ou atividades consideradas essenciais para o desenvolvimento de uma jovem.

Quando Mortimer conheceu Susanna Hubbard, ela já contava 40 anos (era, portanto, dezenove anos mais velha do que ele) e era mãe de seis filhos. Apesar de muitos questionamentos morais levantados pelas respectivas famílias, contrárias àquele relacionamento, em 9 de maio de 1850 o casal oficializou a união — sem a aprovação familiar.

O nascimento de Mabel Collins trouxe inspiração e felicidade ao seu pai. Mortimer escreveu infinitos poemas e sonetos para ela. Porém, ele era um escritor obcecado, e assim Susanna tinha de assumir a responsabilidade por todas as questões práticas e familiares. Por conta disso, problemas financeiros sempre acompanharam os Collins, e foram motivo para inúmeras mudanças de casa, dívidas, prisões e fugas, resultando em um Mortimer alcoólico e estabelecendo um ciclo que se repetia em cada nova cidade. Nesse processo desgastante, Susanna ficou muito doente e, quase sem recursos, a família foi obrigada a se mudar de alojamento em alojamento na Inglaterra. Mortimer foi preso várias vezes por causa de dívidas, e sua dependência da bebida se tornou crescente.

Em 1861, a família se mudou para Londres. Mortimer, porém, foi perseguido e novamente preso.

Em 1867, Susanna faleceu em decorrência de acúmulos de problemas de saúde. Um ano depois, Mortimer se casou com Frances Cotton, fato que comprometeu seu relacionamento com a filha Mabel.

Em fevereiro de 1871, Mabel ficou noiva de Keningale Robert Cook. O casamento ocorreu em 3 de agosto daquele mesmo ano. Considerando toda a sua trajetória até então, socialmente falando, Mabel teve muita sorte por se casar com Cook, que tinha uma sólida carreira no ramo do direito e fora prontamente aprovado como marido por Mortimer. Cook também era escritor e espiritualista. Na época do casamento com Mabel, Cook já havia concluído e publicado um livro de versos chamado *Purpose and Passion* (*Propósito e Paixão* em tradução livre), mas que não fizera sucesso.

No entanto, ao longo de 1871 e 1872, ele publicou inúmeros artigos na revista *Woman*, assim como Mabel. Ambos figuraram em quase todas as edições com matérias que iam de moda e beleza a assuntos mais críticos voltados à educação, ao feminismo e às belas-artes.

Em 1875, o primeiro romance de Mabel, *The Blacksmith and Scholar* (*O Ferreiro e Erudito*), foi publicado sob o nome Mabel Collins (em publicações anteriores ela assinara outros codinomes, tais como Mrs. Cook) e foi muito mais bem-sucedido do que o livro que ele havia publicado.

Em 28 de julho de 1876, Mortimer faleceu, deixando uma lacuna no mundo da ficção romântica, a qual Mabel foi mais do que capaz de preencher. Seus romances então começaram a ganhar destaque regularmente.

Em 1877 muita coisa aconteceu na vida dos Cook: Robert comprou a *Dublin University Magazine* e Mabel lançou seu segundo romance, *An Innocent Sinner* (*Um Pecador Inocente*), que fez grande sucesso. Frances, madrasta de Mabel, publicou uma biografia a respeito de Mortimer — o que por sua vez rendeu um artigo um tanto desfavorável de Mabel na *Dublin University Magazine*, insatisfeita com a iniciativa de Frances.

Infelizmente Robert não obteve o desejado sucesso com a *Dublin University Magazine*, já *Mabel* vinha se saindo bem em relação a tudo o que publicava. Robert persistia na carreira literária, mas estava sendo totalmente ofuscado por Mabel, que em 1879, publicou mais dois livros: *In This World* e *Our Bohemia* (*Neste mundo* e *Nossa boemia*).

Mabel teve o primeiro contato com a teosofia em 1881, após ler a obra *Ísis sem Véu*, de Helena P. Blavatsky. A Sociedade Teosófica chegara à Inglaterra em 1878, com as primeiras reuniões realizadas na sede da *British National Association of Spiritualists*. A partir daí Mabel viria a se tornar uma médium renomada. (Nos anos posteriores, porém, ela se tornou violentamente contra o espiritismo, pois suas experiências como médium a levaram a crer que a prática era altamente perigosa.)

Em 1884 o casamento dos Cook chegou ao fim. Robert veio a falecer no ano seguinte, após uma vida tentando se estabelecer como escritor. Sua obra derradeira, *The Fathers of Jesus* (*Os Pais de Jesus*) levou mais de dez anos para ser concluída e foi publicada postumamente em 1886.

Mabel seguiu interessada nas reuniões teosóficas, em especial naquelas ocorridas na casa da família Sinnett, responsável pela coordenação da Sociedade Teosófica. Nesse período Mabel também se aproximou muito dos irmãos Keightley — Archibald e Bertram —, que também faziam parte do círculo social de Helena Blavatsky. Aquele novo relacionamento deu origem a várias conjecturas. Surgiram rumores de que Mabel ficara noiva de Bertram, mas que a união jamais fora oficializada.

Luz no Caminho foi escrito em 1884. O Mestre Hilarion apareceu novamente para Mabel Collins e ditou-lhe a conclusão de uma obra anterior — *O Idílio do Lótus Branco* — bem como todo o conteúdo de *Luz no Caminho*. Mabel mostrou o manuscrito de *Luz no Caminho* aos irmãos Blavatsky e aos Sinnett, que agora estavam convencidos de que Mabel estava sob a influência do Mestre Hilarion, questão que vinha sendo muito debatida nos bastidores do universo teosófico e que fomentava muitos rumores.

Embora a teosofia e a socialização teosófica ocupassem muito do tempo de Mabel, ela continuou a escrever seus romances. Seus livros foram publicados nos Estados Unidos, assim como na Grã-Bretanha, e ela construía reputação própria, se desgarrando dos boatos que associavam seu sucesso ao histórico literário bem-sucedido de seu pai.

Quando Helena Blavatsky retornou à Inglaterra, Mabel ficou encantada e honrada em hospedá-la em sua modesta casa. Com isso os Keightley também voltaram à cena, e se hospedaram na casa de Mabel também. Embora a relação entre Mabel, Helena e os irmãos Keightley tenha se desgastado nesse período, Helena e Mabel assumiram um novo empreendimento juntas: uma nova revista teosófica, a polêmica *Lucifer*.[2] Porém, por mais promissora que a revista fosse, não era capaz de prover Mabel com o aporte financeiro necessário. Então, em paralelo, ela escrevia para a publicação *The World* uma coluna semanal chamada *Tea table Talk* (*Conversa à mesa de chá* — ou a famosa fofoca na hora do cafezinho), usando o pseudônimo Flower o'the May, na qual apresentava as últimas tendências da moda, cosméticos e recomendava extravagâncias como spas para cães de estimação.

Nos dois anos seguintes, Mabel permaneceria como coeditora da *Lucifer*, que agora também contava com os relatos da Seção Esotérica da Sociedade Teosófica, um grupo exclusivo e muito seleto dirigido por Helena Blavatsky, separado e distinto da Sociedade propriamente dita e distante dos olhares curiosos. Todas as suas atividades eram realizadas sob estrito juramento de sigilo. Quando, em 15 de fevereiro de

---

2 Esta edição de *Luz no Caminho*, como você já viu, inclui a seção "Reflexos, Reflexões e Comentários", que se inicia na página 57. Estes comentários apareceram pela primeira vez na revista *Lucifer* (Volume I, Setembro, 1887-8), e publicados junto ao texto *Luz no Caminho*.

1889, o nome de Mabel desapareceu repentinamente do editorial da *Lucifer*, os questionamentos e boatos foram inevitáveis.

De acordo com Kim Farnell,[3] biógrafa de Mabel Collins, os conflitos começaram com a chegada da teosofista italiana Vittoria Cremers, que em 1886 encontrara um exemplar de *Luz no Caminho*, e a partir daí ingressara imediatamente na Sociedade Teosófica. Em 1888 ela conheceu Helena Blavatsky e pediu para assumir o departamento comercial da *Lucifer*. Vittoria então se mudou para a casa de Helena e foi apresentada a Mabel pelos irmãos Keightley. Ambas ficaram muito amigas. Certo dia, Vittoria foi chamada para uma conversa com Helena, na qual soube que Mabel estava sendo convidada a deixar a sociedade devido a sua conduta indevida com os Keightley. Helena afirmava que Mabel e Archibald haviam participado de um ritual tântrico e de magia sombria, e que ela mesma precisara intervir para resgatá-los. Helena também alegava que *The Blossom and the Fruit: A True Story of a Black Magician* (*A Flor e a Fruta: uma história verídica sobre um Mago das Trevas*) continha um final que endossava a magia sombria, e que por isso ela mesma precisou reescrever os últimos capítulos para salvar a obra. "Farta de tantos resgates", Helena decidiu banir Mabel do mundo teosófico.

Apesar das alegações de Helena, Vittoria manteve sua amizade com Mabel e por consequência também teve de abandonar a Sociedade Teosófica. A coedição

3   Farnell, Kim: *Mystical Vampire: The Life and Works of Mabel Collins*. Mandrake: 2005.

da Lucifer então foi assumida pela teosofista britânica Annie Besant, e Vittoria e Mabel foram banidas de todos os círculos vinculados a Helena Blavatsky.

E essas confusões se seguiram até a morte de Helena em 1891, momento em que, para a Sociedade Teosófica, Mabel era considerada culpada da tentativa de manchar a reputação de Helena Blavatsky.

O desgaste com o escândalo e seus desdobramentos afetaram bastante a saúde de Mabel, que desenvolveu eczema pulmonar, fortes enxaquecas, inapetência e fotofobia, caindo em profunda depressão, a qual resultou em um colapso nervoso.

Em meio a essa situação, Mabel ainda se preocupava com uma peculiar circunstância: ela temia estar abrigando em sua casa ninguém menos do que Jack, o Estripador.

Em janeiro de 1889, deu-se início a uma enorme proliferação de textos associando Jack, o Estripador, a eventos como adoração ao diabo, horror, blasfêmia e obscenidade. Alguns deles foram escritos por RD — Roslyn D'Onston — cujo nome verdadeiro era Robert Donston Stephenson, jornalista e ensaísta britânico. Stephenson recebeu uma carta de Mabel, que havia lido seus artigos com interesse. Uma amizade se desenvolveu a partir daí e Stephenson se instalou na casa de Mabel. Nessa época, Stephenson era investigado pela polícia e pela Scotland Yard, pois suspeitava-se que ele fosse o famoso assassino em série que aterrorizava o Whitechapel District.

Em paralelo, Vittoria Cremers voltou à Inglaterra e fez uma visita a Mabel, e foi apresentada a Stephenson. Os três então cogitaram a ideia de abrir um negócio juntos. Duas semanas depois, eles fundaram a Pompadour Cosmetique Company.

Com o passar do tempo, e o desenrolar dos rumores que associavam a identidade de Stephenson a Jack, o Estripador, Mabel começou a se sentir pouco à vontade na presença dele e escolheu fugir. A Pompadour Cosmetique Company também começou a degringolar e, por fim, Vittoria optou por encerrar as atividades da empresa. Stephenson, por sua vez, não recebeu bem a decisão e deu início a um jogo de chantagens, interceptando as cartas trocadas entre Mabel e Vittoria e causando intrigas. A relação das duas se encerrou nesse momento.

Em 1892, Vittoria já havia abandonado Londres, Stephenson sumira do mapa e Mabel declarava falência. Posteriormente foi comprovado que Stephenson nada tinha a ver com Jack, o Estripador, pois alguns dos homicídios tinham ocorrido durante suas internações hospitalares devido a problemas com bebidas e drogas.

Foi em 1892 também que Mabel publicou *Morial, the Mahatma*, um relato ficcional de atividades relacionadas à Sociedade Teosófica. A obra deu início a novos escândalos no meio teosófico. Depois deste episódio, Mabel sumiu da vida pública até 1899, época em que foi morar em Hartlepool e trabalhava como secretária honorária da North England branch of British Union for Abolition of Vivisection. Juntamente a figuras políticas e aristocráticas, ela participou de diversos comitês que lutavam pela causa da antivivissecção. Ela também escrevia panfletos abolicionistas e por causa disso desenvolveu uma amizade com a sufragista e ativista Charlotte Despard. Elas publicaram um livro juntas, sobre suas experiências no movimento sufragista.

Em 1912, Mabel começou a escrever regularmente para a revista *Occult Review*.

Em 1913, o banco Charing Cross, no qual Mabel investira suas economias, declarou falência. Para piorar, os royalties pelos seus textos teosóficos não estavam sendo pagos, e ela precisou recorrer ao Fundo Real Literário para obter ajuda financeira. Somado a tudo isto, veio a Primeira Guerra Mundial.

Durante os anos de guerra, Mabel visitou e conversou longamente com os soldados feridos em combate e se interessou por exibições militares, embasando seu livro com relatos sobre aquele período. Foi também durante a Primeira Guerra que Mabel se juntou à escritora Catherine Metcalfe. Elas passaram os últimos doze anos da vida de Mabel juntas.

Mabel afirmou que viveu e trabalhou sob a orientação do mestre Hilarion, e que em seu leito de morte pôde testemunhar os mestres do mundo tecendo os fios cármicos. Ela faleceu em decorrência de angina em março de 1927, aos 76 anos.

Os conhecimentos valiosos de Mabel Collins são um verdadeiro presente a todos aqueles que desejam alcançar a comunhão interior e a plenitude da manifestação intuitiva de nossa consciência. A luz no caminho sempre brilha intensamente para quem se aproxima de coração puro.

Rebecca Gerndt é tradutora e mestra em literatura pela Universität Bayreuth.

Mabel luz amor e fé

O CAMINHO DE MABEL COLLINS (1851-1927) | Aclamada escritora teosofista, Mabel Collins evidenciou o ocultismo em suas obras, parte delas psicografadas, já que Mabel possuía habilidades mediúnicas. Além de contribuir para o periódico *Woman*, mais de 230 artigos foram publicados sob o nome de Mabel Collins, assim como resenhas de seus textos e trechos de seus livros mais populares foram impressos em revistas como *Lucifer* (que coeditou com Blavatsky), *The English Illustrated Magazine, Tinsley* e outras. Além de escritora, Mabel Collins também era conhecida pela sua luta buscando os direitos dos animais e sua ativa campanha contra a vivissecção, chegando a fundar uma associação para organizar a luta. Apesar de ter lançado aproximadamente 50 livros, a maioria deles teosóficos, a autora acabou se afastando das práticas mediúnicas e ocultistas até o fim de sua vida, em 1927.

Pessoa
Pala–
vra
e luz

O CAMINHO DE FERNANDO PESSOA (1888-1935) | Poeta, filósofo, dramaturgo, tradutor, crítico literário, entre outras coisas que desempenhou com maestria, Fernando Pessoa foi um dos mais importantes poetas da língua portuguesa e criou vários heterônimos com personalidades próprias para explorar sua pluralidade. Usou seu talento com as palavras para traduzir autores importantes como Shakespeare e Edgar Allan Poe. Impulsionado pelo seu interesse no misticismo, se aproximou dos textos de Helena P. Blavatsky e Mabel Collins, traduzindo suas obras máximas, *Voz do Silêncio* e *Luz no Caminho*. Fernando Pessoa faleceu em 1935, em Lisboa.

MARCEL SOUTO MAIOR (1966) é jornalista, escritor e roteirista, autor de best-sellers adaptados para o cinema, como *As Vidas de Chico Xavier* e *Kardec*, e co-criador de programas de sucesso na TV, como "Profissão Repórter", com Caco Barcellos, e "Na Moral", com Pedro Bial. Nascido em Brasília, em 2 de abril de 1966, e formado em Jornalismo na PUC do Rio de Janeiro, Marcel iniciou carreira como repórter dos jornais *Correio Brasiliense* e *Jornal do Brasil* antes de se transferir para a TV Globo, no início dos anos 1990, onde estreou como editor do programa *Fantástico*. Entre os livros já publicados, estão, além das biografias de Chico Xavier e Allan Kardec, obras como *Almanaque da TV Globo*, a coletânea *Frases para Guardar*, e sua estreia na literatura infanto-juvenil, *Nós, os ETs*. Iluminado pelas palavras de Mabel Collins, Marcel Souto Maior contribuiu com a apresentação desta obra clássica que está em suas mãos. Saiba mais em marcelsoutomaior.com

Artistas iluminados

SIR EDWARD COLEY BURNE-JONES (1833 – 1898) foi um artista e designer inglês envolvido no rejuvenescimento da tradição de vitrais na Inglaterra. Dentre seus trabalhos mais famosos estão as janelas da Catedral de Birmingham e a Igreja de St. Martin, em Brampton, Cumbria.

EDVARD MUNCH (1863-1944) foi um pintor norueguês e um dos maiores representantes da corrente expressionista do século XX. Marcado por perdas constantes de entes queridos ao longo da vida, virou-se para a arte como forma de expor seus sentimentos e angústias. Sua obra sempre esteve intimamente ligada às circunstâncias de sua vida.

ERNST LUDWIG KIRCHNER (1880-1938) foi um pintor expressionista alemão. Fez trabalhos de decoração de interiores de capelas e residências, mas foi na pintura que mais se destacou, com mais de mil quadros produzidos. Influenciado pelo cubismo e fauvismo, manifestava suas visões de realidade através de contrastes agressivos e formas geométricas.

CAMILLE PISSARRO (1903-1830) foi um dos líderes do movimento impressionista. Sua obra reúne um conjunto de paisagens rurais e urbanas que exploram os efeitos da luz natural, com pinceladas soltas e visíveis. Ao lado do amigo Monet, costumava sair para pintar ao ar livre e foi um dos maiores incentivadores da primeira exposição independente que ocorreu em 1874. Se tornou um mais importantes paisagistas do século XIX.

Cada boa ação que você pratica
é uma luz que você acende
em torno dos próprios passos.

Chico Xavier